Summer & Natural

パーソナルカラー

夏

×

骨格診断

ナチュラル
似合わせBOOK

ビューティーカラーアナリスト®

海保麻里子
Mariko Kaiho

sanctuarybooks

Prologue

　いつでも、どこでも、いくつになっても、心地いい自分でいたい。
　日々身につける服も、メイクやヘアスタイルも、自分の心と体によくなじむものだけを選んで、毎日を気分よく過ごしたい。

　でも、私に似合うものってなんだろう?
　世の中にあふれる服やコスメのなかから、どうやって選べばいいんだろう?

　そんな思いを抱えている方に向けて、この本をつくりました。

　自分に似合うものを知る近道。それは、自分自身をもっとよく知ること。
　もともともっている特徴や魅力を知り、それらを最大限にいかす方法を知ることが、とても大切になります。

　そこで役立つのが、「パーソナルカラー」と「骨格診断」。
　パーソナルカラーは、生まれもった肌・髪・瞳の色などから、似合う「色」を導き出すセオリー。骨格診断は、生まれもった骨格や体型、ボディの質感から、似合う「形」と「素材」を導き出すセオリー。

　この2つのセオリーを知っていれば、自分に似合う服やコスメを迷いなく選べるようになります。

買ってみたもののしっくりこない……ということがなくなるので、ムダ買いが激減し、クローゼットのアイテムはつねにフル稼働。毎朝の服選びがグッとラクになり、それでいて自分にフィットするすてきな着こなしができるようになります。

　自分の魅力をいかしてくれるスタイルで過ごす毎日は、きっと心地よく楽しいもの。つづけるうちに、やがて「自信」や「自分らしさ」にもつながっていくと思います。

　この本の最大のポイントは、12冊シリーズであること。
　パーソナルカラーは「春」「夏」「秋」「冬」の4タイプ、骨格は「ストレート」「ウェーブ」「ナチュラル」の3タイプに分類され、かけ合わせると合計12タイプ。
　パーソナルカラーと骨格診断の専門知識にもとづき、12タイプそれぞれに似合うファッション・メイク・ヘア・ネイルを1冊ずつにわけてご紹介しています。

　1冊まるごと、私のためのファッション本。
　そんなうれしい本をめざしました。これからの毎日を心地いい自分で過ごすために、この本を手もとに置いていただけたら幸いです。

この本の使い方

この本は

パーソナルカラー **夏**

×

骨格診断 **ナチュラル**

タイプの方のための本です

【パーソナルカラー】
「**春**」「**夏**」「**秋**」「**冬**」の**4**タイプ

×

【骨格】
「**ストレート**」「**ウェーブ**」「**ナチュラル**」の**3**タイプ

かけ合わせると、合計**12**タイプ

〈全12冊シリーズ〉

この本はこれ！

『パーソナルカラー春×骨格診断ストレート似合わせBOOK』　『パーソナルカラー春×骨格診断ウェーブ似合わせBOOK』　『パーソナルカラー春×骨格診断ナチュラル似合わせBOOK』　『パーソナルカラー夏×骨格診断ストレート似合わせBOOK』　『パーソナルカラー夏×骨格診断ウェーブ似合わせBOOK』　『パーソナルカラー夏×骨格診断ナチュラル似合わせBOOK』

『パーソナルカラー秋×骨格診断ストレート似合わせBOOK』　『パーソナルカラー秋×骨格診断ウェーブ似合わせBOOK』　『パーソナルカラー秋×骨格診断ナチュラル似合わせBOOK』　『パーソナルカラー冬×骨格診断ストレート似合わせBOOK』　『パーソナルカラー冬×骨格診断ウェーブ似合わせBOOK』　『パーソナルカラー冬×骨格診断ナチュラル似合わせBOOK』

パーソナルカラーは……
似合う「色」がわかる

生まれもった肌・髪・瞳
の色などから、似合う
「色」を導き出します

骨格は……
似合う「形」「素材」がわかる

生まれもった骨格や体
型、ボディの質感から、
似合う「形」と「素材」
を導き出します

12冊シリーズ中、自分自身のタイプの本を読むことで、
本当に似合う「色」「形」「素材」の
アイテム、コーディネート、ヘアメイクが
わかります

自分自身が「パーソナルカラー夏×
骨格診断ナチュラル」タイプで、　　　　⟶　**P27へ**
似合うものが知りたい方

自分自身の「パーソナルカラー」と
「骨格診断」のタイプが
わからない方

　パーソナルカラーセルフチェック　⟶　P12へ

　骨格診断セルフチェック　⟶　P22へ

⟶　**12冊シリーズ中、該当するタイプの本を手にとってください**

Contents

Prologue ·································· 2

この本の使い方 ·································· 4

色の力で、生まれもった魅力を
120%引き出す「パーソナルカラー」 ·································· 10

パーソナルカラーセルフチェック ·································· 12

春 -Spring- タイプ ·································· 16

夏 -Summer- タイプ ·································· 17

秋 -Autumn- タイプ ·································· 18

冬 -Winter- タイプ ·································· 19

一度知れば一生役立つ、
似合うファッションのルール「骨格診断」 ·································· 20

骨格診断セルフチェック ·································· 22

ストレート -Straight- タイプ ·································· 24

ウェーブ -Wave- タイプ ·································· 25

ナチュラル -Natural- タイプ ·································· 26

Chapter 1

夏×ナチュラルタイプの
魅力を引き出す
ベストアイテム

1 オフホワイトのロングTシャツ ·································· 28

2 パウダーブルーのストライプワンピース ·································· 30

3 ウォッシュドデニムパンツ ·································· 32

   ④ シルバーのフープピアス
     シルバービーズ×パールのネックレス ················ 34

   ⑤ ローズピンクの上品メイク ················ 36

夏×ナチュラルはどんなタイプ？ ················ 38

似合う色、苦手な色 ················ 39

色選びに失敗しないための基礎知識 ················ 40

夏タイプに似合う色のトーンは？ ················ 41

第一印象は「フォーカルポイント」で決まる ················ 42

体の質感でわかる、似合う素材と苦手な素材 ················ 44

重心バランスを制すると、スタイルアップが叶う ················ 45

結論！　夏×ナチュラルタイプに似合う王道スタイル ········ 46

苦手はこう攻略する！ ················ 47

夏×ナチュラルタイプのベストアイテム12

① オフホワイトのロングTシャツ ················ 48

② ローズピンクのストライプシャツ ················ 49

③ ペールグレーのカーディガン ················ 50

④ オフホワイトのフレアスカート ················ 51

⑤ ウォッシュドデニムパンツ ················ 52

⑥ パウダーブルーのストライプワンピース ················ 53

⑦ ソフトネイビーのジャケット ················ 54

⑧ ライトグレーのロングコート ················ 55

⑨ ネイビーのレザートート ················ 56

⑩ オフホワイトのビットローファー ················ 56

⑪ シルバーのフープピアス
   シルバービーズ×パールのネックレス ················ 57

⑫ 革ベルトの腕時計 ················ 57

夏×ナチュラルタイプの
着まわしコーディネート14Days ·········· 58

Column 骨格診断がしっくりこない原因は「顔の印象」 ·········· 68

Chapter2
なりたい自分になる、夏×ナチュラルタイプの配色術

ファッションを色で楽しむ配色のコツ ·········· 70

配色テクニック① 色相を合わせる ·········· 71

配色テクニック② トーンを合わせる ·········· 71

配色テクニック③ 色相・トーンを合わせる（ワントーン配色） ···· 72

配色テクニック④ 色相・トーンを変化させる（コントラスト配色） ··· 72

配色テクニック⑤ アクセントカラーを入れる ·········· 73

配色テクニック⑥ セパレートカラーを入れる ·········· 73

どの色を着るか迷ったときは？　色の心理的効果 ·········· 74

11色で魅せる、夏×ナチュラルタイプの配色コーディネート

BLUE ブルー ·········· 76

PINK ピンク ·········· 78

NAVY ネイビー ·········· 80

GREEN グリーン ·········· 82

RED レッド ·········· 84

PURPLE パープル ·········· 86

GRAY グレー —————————————————— 87

YELLOW イエロー —————————————————— 88

BROWN ブラウン —————————————————— 89

WHITE ホワイト —————————————————— 90

BLACK ブラック —————————————————— 91

Column 「似合う」の最終ジャッジは試着室で ————————— 92

Chapter3

夏×ナチュラルタイプの 魅力を最大化する ヘアメイク

夏×ナチュラルタイプに似合うコスメの選び方 ————— 94

おすすめのメイクアップカラー ————————————— 95

自分史上最高の顔になる、
夏×ナチュラルタイプのベストコスメ ————————— 96

基本ナチュラルメイク —————————————————— 97

大人かわいいピンクメイク ——————————————— 98

儚げなまなざしのパープルメイク ——————————— 99

夏×ナチュラルタイプに似合うヘア＆ネイル ————— 100

ショート、ミディアム ————————————————— 101

ロング、アレンジ ———————————————————— 102

ネイル ————————————————————————— 103

Column —————————————————————————— 104

協力店リスト —————————————————————— 106

著者プロフィール ——————————————————— 109

色の力で、生まれもった魅力を120%引き出す

「パーソナルカラー」

パーソナルカラーって何？

　身につけるだけで自分の魅力を最大限に引き出してくれる、自分に似合う色。

　そんな魔法のような色のことを、パーソナルカラーといいます。

　SNSでひと目惚れしたすてきな色のトップス。トレンドカラーのリップ。いざ買って合わせてみたら、なんだか顔がくすんで見えたり青白く見えたり……。

　それはおそらく、自分のパーソナルカラーとは異なる色を選んでしまったせい。

　パーソナルカラーは、生まれもった「肌の色」「髪の色」「瞳の色」、そして「顔立ち」によって決まります。自分に調和する色を、トップスやメイクやヘアカラーなど顔まわりの部分にとり入れるだけで、肌の透明感が驚くほどアップし、フェイスラインがすっきり見え、グッとおしゃれな雰囲気になります。

　これ、大げさではありません。サロンでのパーソナルカラー診断では、鏡の前でお客さまのお顔の下にさまざまな色の布をあてていくのですが、「色によって見え方がこんなに違うんですね！」と多くの方が驚かれるほど効果絶大なんです。

イエローベースと
ブルーベース

　最近「イエベ」「ブルベ」という言葉をよく耳にしませんか？

　これは、世の中に無数に存在する色を「イエローベース（黄み）」と「ブルーベース（青み）」に分類したパーソナルカラーの用語。

　たとえば同じ赤でも、黄みがあってあたたかく感じるイエローベースの赤と、青みがあって冷たく感じるブルーベースの赤があるのがわかるでしょうか。

　パーソナルカラーでは、色をイエローベースとブルーベースに大きくわけ、似合う色の傾向を探っていきます。

4つのカラータイプ「春」「夏」「秋」「冬」

　色は、イエローベースかブルーベースかに加えて、明るさ・鮮やかさ・クリアさの度合いがそれぞれ異なります。パーソナルカラーでは、そうした属性が似ている色をカテゴライズし、「春」「夏」「秋」「冬」という四季の名前がついた4つのグループに分類しています。各タイプに属する代表的な色をご紹介します。

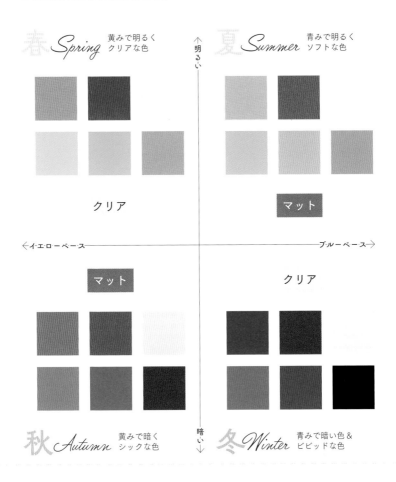

春 *Spring* 黄みで明るく
クリアな色

↑明るい

夏 *Summer* 青みで明るく
ソフトな色

クリア

マット

←イエローベース———————————————ブルーベース→

マット

クリア

秋 *Autumn* 黄みで暗く
シックな色

↓暗い

冬 *Winter* 青みで暗い色＆
ビビッドな色

パーソナルカラーセルフチェック

あなたがどのパーソナルカラーのタイプにあてはまるか、セルフチェックをしてみましょう。迷った場合は、いちばん近いと思われるものを選んでください。

①できるだけ太陽光が入る部屋、または明るく白い照明光の部屋で診断してください。
②ノーメイクでおこなってください。
③着ている服の色が影響しないように白い服を着ましょう。

診断はこちらの
ウェブサイトでも
できます（無料）

Q1 あなたの髪の色は？
（基本は地毛。カラーリングしている方はカラーリング後の色でもOK）

A
黄みの
ライトブラウン

B
赤みのローズブラウン、
または
ソフトなブラック

C
黄みのダークブラウン、
または緑みの
マットブラウン

D
ツヤのあるブラック

Q2 あなたの髪の質感は？

A
ふんわりと
やわらかい
（ねこっ毛だ）。

B
髪は細めで
サラサラだ。

C
太さは普通で
コシとハリがある。

D
1本1本が太くて
しっかりしている。

Q3 あなたの瞳は？

A
キラキラとした黄みの
ライトブラウン〜
ダークブラウン。

B
赤みのダークブラウン
〜ソフトなブラック。
ソフトでやさしい印象。

C
黄みのダークブラウン
で落ち着いた印象。
緑みを感じる方も。

D
シャープなブラック。
白目と黒目の
コントラストが強く
目力がある。
切れ長の方も。

Q4 あなたの肌の色は？

A	B	C	D
明るいアイボリー。ツヤがあって皮膚は薄い感じ。	色白でピンク系。なめらかな質感で頬に赤みが出やすい。	暗めのオークル系。頬に色味がなくマットな質感。くすみやすい方も。	ピンク系で色白。または濃いめの肌色で皮膚は厚め。

Q5 日焼けをすると？

A	B	C	D
赤くなってすぐさめる。比較的焼けにくい。	赤くなりやすいが日焼けはほとんどしない。	日焼けしやすい。黒くなりやすくシミができやすい。	やや赤くなり、そのあときれいな小麦色になる。

Q6 家族や親しい友人からほめられるリップカラーは？

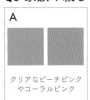

A	B	C	D
クリアなピーチピンクやコーラルピンク	明るいローズピンクやスモーキーなモーブピンク	スモーキーなサーモンピンクやレッドブラウン	華やかなフューシャピンクやワインレッド

Q7 人からよく言われるあなたのイメージは？

A	B	C	D
キュート、フレッシュ、カジュアル、アクティブ	上品、やさしい、さわやか、やわらかい	シック、こなれた、ゴージャス、落ち着いた	モダン、シャープ、スタイリッシュ、クール

Q8 ワードローブに多い、得意なベーシックカラーは？

A	B	C	D
ベージュやキャメルを着ると、顔色が明るく血色よく見える。	ブルーグレーやネイビーを着ると、肌に透明感が出て上品に見える。	ダークブラウンやオリーブグリーンを着ても、地味にならずにこなれて見える。	ブラックを着ても暗くならず、小顔＆シャープに見える。

Q9 よく身につけるアクセサリーは？

A	B	C	D
ツヤのあるピンクゴールドや明るめのイエローゴールド	上品な光沢のシルバー、プラチナ	マットな輝きのイエローゴールド	ツヤのあるシルバー、プラチナ

Q10 着ていると、家族や親しい友人からほめられる色は？

A	B	C	D
明るい黄緑やオレンジ、黄色などのビタミンカラー	ラベンダーや水色、ローズピンクなどのパステルカラー	マスタードやテラコッタ、レンガ色などのアースカラー	ロイヤルブルーやマゼンタ、真っ赤などのビビッドカラー

A が多かった方は　春 Spring タイプ

B が多かった方は　夏 Summer タイプ

C が多かった方は　秋 Autumn タイプ

D が多かった方は　冬 Winter タイプ

いちばんパーセンテージの高いシーズンがあなたのパーソナルカラーです。パーソナルカラー診断では似合う色を決める4つの要素である「ベース（色み）」「明るさ（明度）」「鮮やかさ（彩度）」「クリアか濁っているか（清濁）」の観点から色を分類し、「春夏秋冬」という四季の名称がついたカラーパレットを構成しています。

パーソナルカラーは、はっきりわかりやすい方もいれば、複数のシーズンに似合う色がまたがる方もいます。パーソナルカラーでは、いちばん似合う色が多いグループを「1st シーズン」、2番目に似合う色が多いグループを「2nd シーズン」と呼んでいます。

・春と秋が多い方　黄みのイエローベースが似合う（ウォームカラータイプ）
・夏と冬が多い方　青みのブルーベースが似合う（クールカラータイプ）
・春と夏が多い方　明るい色が似合う（ライトカラータイプ）
・秋と冬が多い方　深みのある色が似合う（ダークカラータイプ）
・春と冬が多い方　クリアで鮮やかな色が似合う（ビビッドカラータイプ）
・夏と秋が多い方　スモーキーな色が似合う（ソフトカラータイプ）

The「春」「夏」「秋」「冬」タイプの方と、2nd シーズンをもつ6タイプの方がいて、パーソナルカラーは大きく10タイプに分類することができます（10Type Color Analysis by 4element®）。

※迷う場合は、巻末の「診断用カラーシート」を顔の下にあててチェックしてみてください（ノーメイク、自然光または白色灯のもとでおこなってください）。

春 Spring タイプ

カジュアル　　　　　キュート

フレッシュ

アクティブ

どんなタイプ？
かわいらしく元気な印象をもつ春タイプ。春に咲き誇るお花畑のような、イエローベースの明るい色が似合います。

肌の色
明るいアイボリー系。なかにはピンク系の方も。皮膚が薄く、透明感があります。

髪・瞳の色
黄みのライトブラウン系。色素が薄く、瞳はガラス玉のように輝いている方が多いです。

似合うカラーパレット

春タイプの色が似合う場合：肌の血色がアップし、ツヤとハリが出る
春タイプの色が似合わない場合：肌が黄色くなり、顔が大きく見える

ベースカラー
（コーディネートの基本となる色）：
アイボリー、ライトウォームベージュ、ライトキャメルなど、黄みのライトブラウン系がおすすめ。

アイボリー　クリームイエロー　ライトウォームベージュ　ライトキャメル
ゴールデンタン　アーモンドブラウン　ウォームグレー　ライトネイビー

アソートカラー
（ベースカラーに組み合わせる色）：
ピーチピンク、ライトターコイズなどを選ぶと、肌がより明るく血色よく見えます。

ピーチピンク　アプリコット　ライトサーモン　コーラルピンク
ライトクリアゴールド　パステルイエローグリーン　ライトトゥルーグリーン　ライトターコイズ

アクセントカラー
（配色に変化を与える色）：
ライトオレンジやブライトイエローなどのビタミンカラー、クリアオレンジレッドなどのキャンディカラーがぴったり。

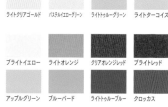

ブライトイエロー　ライトオレンジ　クリアオレンジレッド　ブライトレッド
アップルグリーン　ブルーバード　ライトトゥルーブルー　クロッカス

夏 Summer タイプ

やさしい
さわやか
やわらかい
上品

どんなタイプ？
エレガントでやわらかい印象をもつ夏タイプ。雨のなかで咲く紫陽花のような、ブルーベースのやさしい色が似合います。

肌の色
明るいピンク系。色白で頬に赤みのある方が多いです。

髪・瞳の色
赤みのダークブラウン系か、ソフトなブラック系。穏やかでやさしい印象。

似合うカラーパレット

夏タイプの色が似合う場合：肌の透明感がアップし、洗練されて見える

夏タイプの色が似合わない場合：肌が青白く見え、寂しい印象になる

ベースカラー
（コーディネートの基本となる色）：
ライトブルーグレー、ソフトネイビー、ローズベージュなどで上品に。

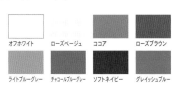

オフホワイト　ローズベージュ　ココア　ローズブラウン

ライトブルーグレー　チャコールブルーグレー　ソフトネイビー　グレイッシュブルー

アソートカラー
（ベースカラーに組み合わせる色）：
青みのある明るいパステルカラーや、少し濁りのあるスモーキーカラーが得意。

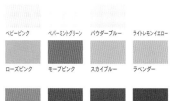

ベビーピンク　ペパーミントグリーン　パウダーブルー　ライトレモンイエロー

ローズピンク　モーブピンク　スカイブルー　ラベンダー

アクセントカラー
（配色に変化を与える色）：
ローズレッド、ディープブルーグリーンなど、ビビッドすぎない色が肌になじみます。

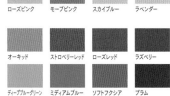

オーキッド　ストロベリーレッド　ローズレッド　ラズベリー

ディープブルーグリーン　ミディアムブルー　ソフトフクシア　プラム

秋 Autumn タイプ

ゴージャス
シック
落ち着いた
こなれた

どんなタイプ？
大人っぽく洗練された印象をもつ秋タイプ。秋に色づく紅葉のような、イエローベースのリッチな色が似合います。

肌の色

やや暗めのオークル系。マットな質感で、頬に色味がない方も。

髪・瞳の色

黄みのダークブラウン系。グリーンっぽい瞳の方も。穏やかでやさしい印象。

似合うカラーパレット

秋タイプの色が似合う場合：肌の血色がアップし、なめらかに見える

秋タイプの色が似合わない場合：肌が暗く黄ぐすみして、たるんで見える

ベースカラー
（コーディネートの基本となる色）：
ダークブラウン、キャメル、オリーブグリーンなどのアースカラーも地味にならず洗練度アップ。

バニラホワイト　ベージュ　コーヒーブラウン　ダークブラウン

マホガニー　キャメル　ブロンズ　オリーブグリーン

アソートカラー
（ベースカラーに組み合わせる色）：
サーモンピンク、マスカットグリーンなど、少し濁りのあるスモーキーカラーで肌をなめらかに。

ディープピーチ　サーモンピンク　マスタード　マスカットグリーン

レンガ　アーミーグリーン　ダークターコイズ　レッドパープル

アクセントカラー
（配色に変化を与える色）：
テラコッタ、ゴールド、ターコイズなど、深みのあるリッチなカラーがおすすめ。

オレンジレッド　トマトレッド　テラコッタ　オレンジ

ゴールデンイエロー　ゴールド　ターコイズ　ディープイエローグリーン

冬 Winter タイプ

スタイ
リッシュ

モダン

クール

シャープ

どんなタイプ？
シャープで凛とした印象をもつ冬タイプ。
澄んだ冬空に映えるような、ブルーベース
のビビッドな色が似合います。

肌の色
明るめか暗めのピンク系。黄
みの強いオークル系の方も。
肌色のバリエーションが多い
タイプ。

髪・瞳の色
真っ黒か、赤みのダークブラ
ウン系。黒目と白目のコントラ
ストが強く、目力があります。

似合うカラーパレット

冬タイプの色が似合う場合：フェイスラインがすっきりし、華やかで凛とした印象になる
冬タイプの色が似合わない場合：肌から色がギラギラ浮いて見える

ベースカラー
（コーディネートの基本となる色）：
白・黒・グレーのモノトーンが似合う唯一
のタイプ。濃紺も似合います。

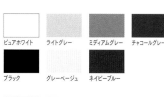

ピュアホワイト　ライトグレー　ミディアムグレー　チャコールグレー

ブラック　グレーベージュ　ネイビーブルー

アソートカラー
（ベースカラーに組み合わせる色）：
深みのあるダークカラーで大人っぽく。
薄いシャーベットカラーも得意。

ブルーレッド　マラカイトグリーン　パイングリーン　ロイヤルパープル

ペールグリーン　ペールブルー　ペールピンク　ペールバイオレット

アクセントカラー
（配色に変化を与える色）：
目鼻立ちがはっきりしているので、
ショッキングピンクやロイヤルブルーな
どの強い色にも負けません。

トゥルーレッド　チェリーピンク　ショッキングピンク　マゼンタ

レモンイエロー　トゥルーグリーン　トゥルーブルー　ロイヤルブルー

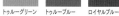

※ベース、アソート、アクセントカラーは配色によって変わることがあります

一度知れば一生役立つ、似合うファッションのルール

「骨格診断」

骨格診断って何？

　肌や瞳の色と同じように、生まれもった体型も人それぞれ。骨格診断は、体型別に似合うファッションを提案するメソッドです。

　体型といっても、太っているかやせているか、背が高いか低いか、ということではありません。

　骨や関節の発達のしかた、筋肉や脂肪のつきやすさ、肌の質感など、生まれもった体の特徴から「似合う」を導き出します。

　パーソナルカラーでは自分に似合う「色」がわかる、といいました。一方、骨格診断でわかるのは、自分に似合う「形」と「素材」。

　服・バッグ・靴・アクセサリーなど世の中にはさまざまなファッションアイテムがあふれていますが、自分の骨格タイプとそのルールを知っておけば、自分に似合う「形」と「素材」のアイテムを迷わず選びとることができるんです。

　体型に変化があっても、骨の太さが大きく変わることはありません。体重の増減が10kg前後あった場合、似合うものの範囲が少し変わってくることはありますが、基本的に骨格タイプは一生変わらないもの。つまり、自分の骨格タイプのルールを一度覚えてしまえば、一生役立ちます。

　年齢を重ねるとボディラインが変化していきますが、じつは変化のしかたには骨格タイプごとの特徴があります。そのため、年齢を重ねることでより骨格タイプに合ったファッションが似合うようになる傾向も。

　パーソナルカラーと骨格診断。どちらも、「最高に似合う」を「最速で叶える」ためのファッションルール。服選びに迷ったときや、鏡のなかの自分になんだかしっくりこないとき、きっとあなたを助けてくれるはずです。

3つの骨格タイプ「ストレート」「ウェーブ」「ナチュラル」

　骨格診断では、体の特徴を「ストレート」「ウェーブ」「ナチュラル」という3つの骨格タイプに分類し、それぞれに似合うファッションアイテムやコーディネートを提案しています。

　まずは、3タイプの傾向を大まかにご紹介しますね。

ストレート *Straight*

筋肉がつきやすく、立体的でメリハリのある体型の方が多いタイプ。シンプルでベーシックなスタイルが似合います。

ウェーブ *Wave*

筋肉より脂肪がつきやすく、平面的な体型で骨が華奢な方が多いタイプ。ソフトでエレガントなスタイルが似合います。

ナチュラル *Natural*

手足が長く、やや平面的な体型で骨や関節が目立つ方が多いタイプ。ラフでカジュアルなスタイルが似合います。

骨格診断セルフチェック

診断はこちらの
ウェブサイトでも
できます（無料）

あなたがどの骨格診断のタイプにあてはまるか、セルフ
チェックをしてみましょう。迷った場合は、いちばん近い
と思われるものを選んでください。
①鎖骨やボディラインがわかりやすい服装でおこないましょう。
　（キャミソールやレギンスなど）
②姿見の前でチェックしてみましょう。
③家族や親しい友人と一緒に、体の特徴を比べながらおこなうとわかりやすいです。

Q1 筋肉や脂肪のつき方は？

A 筋肉がつきやすく、二の腕や太ももの前の筋肉が張りやすい。

B 筋肉がつきにくく、腰まわり、お腹など下半身に脂肪がつきやすい。

C 関節が大きく骨が太め。肉感はあまりなく、骨張っている印象だ。

Q2 首から肩にかけてのラインは？

A 首はやや短め。肩まわりに厚みがある。

B 首は長めで細い。肩まわりが華奢で薄い。

C 首は長くやや太め。筋が目立ち肩関節が大きい。

Q3 胸もとの厚みは？

A 厚みがあり立体的（鳩胸っぽい）、バストトップは高め。

B 厚みがなく平面的、バストトップはやや低め。

C 胸の厚みよりも、肩関節や鎖骨が目立つ。

Q4 鎖骨や肩甲骨の見え方は？

A あまり目立たない。

B うっすらと出ているが、骨は小さい。

C はっきりと出ていて、骨が大きい。

Q5 体に対する手の大きさや関節は？

A 手は小さく、手のひらは厚い。骨や筋は目立たない。

B 大きさはふつうで、手のひらは薄い。骨や筋は目立たない。

C 手は大きく、厚さより甲の筋や、指の関節、手首の骨が目立つ。

Q6 手や二の腕、太ももの質感は？

A 弾力とハリのある質感。

B ふわふわとやわらかい質感。

C 皮膚がややかための、肉感をあまり感じない。

Q7 腰からお尻のシルエットは？

A 腰の位置が高めで、腰まわりが丸い。
B 腰の位置が低めで、腰が横(台形)に広がっている。
C 腰の位置が高めで、お尻は肉感がなく平らで長い。

Q8 ワンピースならどのタイプが似合う？

A Iラインシルエットでシンプルなデザイン
B フィット＆フレアのふんわり装飾性のあるデザイン
C マキシ丈でゆったりボリュームのあるデザイン

Q9 着るとほめられるアイテムは？

A パリッとしたコットンシャツ、ハイゲージ(糸が細い)のVネックニット、タイトスカート
B とろみ素材のブラウス、ビジューつきニット、膝下丈のフレアスカート
C 麻の大きめシャツ、ざっくり素材のゆったりニット、マキシ丈スカート

Q10 どうもしっくりこないアイテムは？

A ハイウエストワンピ、シワ加工のシャツ、ざっくり素材のゆったりニット
B シンプルなVネックニット、ローウエストワンピ、オーバーサイズのカジュアルシャツ
C シンプルなTシャツ、フィット＆フレアの膝丈ワンピ、ショート丈ジャケット

診 断 結 果

A が多かった方は ストレート タイプ

B が多かった方は ウェーブ タイプ

C が多かった方は ナチュラル タイプ

いちばん多い回答が、あなたの骨格タイプです(2タイプに同じくらいあてはまった方は、ミックスタイプの可能性があります)。BとCで悩んだ場合は、とろみ素材でフィット感のある、フリルつきのブラウス＆膝丈フレアスカートが似合えばウェーブタイプ、ローゲージ(糸が太い)のざっくりオーバーサイズのニット＆ダメージデニムのワイドシルエットが似合う方は、ナチュラルタイプの可能性が高いです。

ストレート　Straight　タイプ

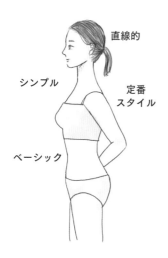

直線的

シンプル

定番スタイル

ベーシック

どんなタイプ？

グラマラスでメリハリのある体が魅力のストレートタイプ。シンプルなデザイン、適度なフィット感、ベーシックな着こなしで「引き算」を意識すると、全体がすっきり見えてスタイルアップします。

体の特徴

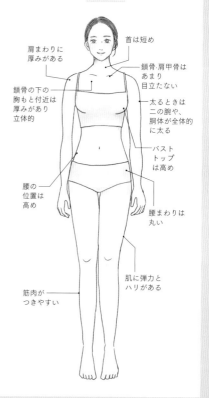

- 肩まわりに厚みがある
- 鎖骨の下の胸もと付近は厚みがあり立体的
- 腰の位置は高め
- 筋肉がつきやすい
- 首は短め
- 鎖骨・肩甲骨はあまり目立たない
- 太るときは二の腕や、胴体が全体的に太る
- バストトップは高め
- 腰まわりは丸い
- 肌に弾力とハリがある

似合うファッションアイテム

パリッとしたシャツ、Vネックニット、タイトスカート、センタープレスパンツなど、シンプル＆ベーシックで直線的なデザイン。

似合う着こなしのポイント

Vネックで胸もとをあける、腰まわりをすっきりさせる、サイズやウエスト位置はジャストにする、Iラインシルエットにする、など。

似合う素材

コットン、ウール、カシミヤ、シルク、表革など、ハリのある高品質な素材。

似合う柄

チェック、ストライプ、ボーダー、大きめの花柄など、直線的な柄やメリハリのある柄。

ウェーブ Wave タイプ

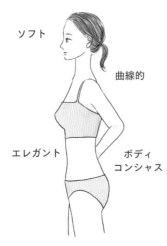

ソフト

曲線的

エレガント

ボディ
コンシャス

どんなタイプ？

華奢な体とふわふわやわらかい肌質が魅力のウェーブタイプ。曲線的なデザインや装飾のあるデザインで「足し算」を意識すると、体にほどよくボリュームが出て、エレガントさが際立ちます。

体の特徴

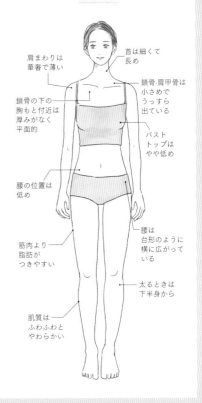

肩まわりは
華奢で薄い

首は細くて
長め

鎖骨・肩甲骨は
小さめで
うっすら
出ている

鎖骨の下の
胸もと付近は
厚みがなく
平面的

バスト
トップは
やや低め

腰の位置は
低め

腰は
台形のように
横に広がって
いる

筋肉より
脂肪が
つきやすい

太るときは
下半身から

肌質は
ふわふわと
やわらかい

似合うファッションアイテム
フリルや丸首のブラウス、プリーツやタックなど装飾のあるフレアスカート、ハイウエストのワンピースなど、ソフト＆エレガントで曲線的なデザイン。

似合う着こなしのポイント
フリルやタックで装飾性をプラスする、ハイウエストでウエストマークをして重心を上げる、フィット（トップス）＆フレア（ボトムス）のXラインシルエットにする、など。

似合う素材
ポリエステル、シフォン、モヘア、エナメル、スエードなど、やわらかい素材や透ける素材、光る素材。

似合う柄
小さいドット、ギンガムチェック、ヒョウ柄、小花柄など、小さく細かい柄。

ナチュラル　　タイプ

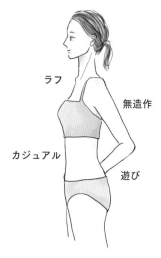

ラフ

無造作

カジュアル

遊び

どんなタイプ?

しっかりした骨格と長い手足が魅力のナチュラルタイプ。ゆったりシルエットや風合いのある天然素材で「足し算」を意識すると、骨格の強さとのバランスがとれて、こなれた雰囲気に仕上がります。

体の特徴

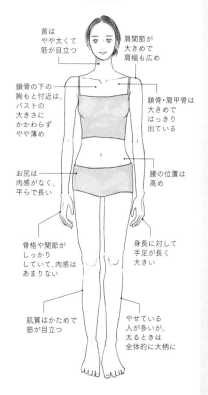

首は
やや太くて
筋が目立つ

肩関節が
大きめで
肩幅も広め

鎖骨の下の
胸もと付近は、
バストの
大きさに
かかわらず
やや薄め

鎖骨・肩甲骨は
大きめで
はっきり
出ている

お尻は
肉感がなく、
平らで長い

腰の位置は
高め

骨格や関節が
しっかり
していて、肉感は
あまりない

身長に対して
手足が長く
大きい

肌質はかためで
筋が目立つ

やせている
人が多いが、
太るときは
全体的に大柄に

似合うファッションアイテム

麻のシャツ、ざっくりニット、ワイドパンツ、マキシ丈スカートなど、ラフ＆カジュアルでゆったりとしたデザイン。

似合う着こなしのポイント

ボリュームをプラスしてゆったりシルエットをつくる、長さをプラス＆ローウエストにして重心を下げる、肌をあまり出さない、など。

似合う素材

麻、コットン、デニム、コーデュロイ、ムートンなど、風合いのある天然素材や厚手の素材。

似合う柄

大きめのチェック、ストライプ、ペイズリー、ボタニカルなど、カジュアルな柄やエスニックな柄。

夏×ナチュラルタイプの魅力を引き出すベストアイテム

CARINO

1

オフホワイトのロングTシャツ

ビッグシルエットのロンTは、ロングシーズン
使える優秀トップス。首もとがあいていないラウ
ンドネックでドロップショルダーのものを選ぶ
と、デコルテまわりの骨感や肩幅が目立ちにくく、
曲線的なやわらかいラインを演出できます。夏タ
イプのソフトな顔立ちや肌色には、真っ白ではな
くオフホワイトがマッチ。ロゴは大きめ＆きれい
めなデザインがおすすめ。

LongT-shirt /
marvelous by Pierrot

リラクシーなスタイルで
洗練されたひとときを

2

パ ウ ダ ー ブ ル ー の ス ト ラ イ プ ワ ン ピ ー ス

さわやかなパウダーブルーは、肌の透明感を高め
てくれる色。夏×ナチュラルタイプは太すぎず、
地と柄のコントラストが強くない上品なストライ
プが似合います。ゆったりシルエットのワンピー
スは、Aラインのロング丈で重心を下げて。Tシャ
ツをなかに着ると、ネックラインの引き上げとボ
ディのボリュームアップが同時に叶います。

One piece / KOBE LETTUCE

色とシルエットが引き出す
自然体の美しさ

3

ウォッシュドデニムパンツ

ナチュラルタイプのすらりとした脚が映えるデニムパンツ。腰やお尻にお肉のついていない方が多いので、あえてスキニーではなくラフなシルエットを選び、ソフトでこなれた雰囲気にするとすてきです。少しウォッシュがかかった明るめのブルーで、ダメージ加工は少ないほうが◎。カジュアル・きれいめ、どちらの着こなしにも使える手放せない1本に。

Jeans / KOBE LETTUCE

定番のデニムも
フレンチシックに決まる

4

シルバーのフープピアス
シルバービーズ×パールのネックレス

夏タイプの肌を美しく見せるのは、上品に輝くシルバーカラーと、オフホワイトや淡いピンクのややマットなパール。シルバーのフープピアスは、大きめのオーバル形でエレガントに。シルバービーズとパールのコンビネーションネックレスは、1連にするとおへそ、2連にするとみぞおちの長さになり、重心を下げながらボリュームもプラスしてくれます。

Necklace / marvelous by Pierrot
Earrings / LAKOLE（編集部私物）

ラフなのに品もある
こなれた輝き

5

ローズピンクの上品メイク

夏×ナチュラルタイプには、青みと濁りを感じる
ローズピンク系のコスメがおすすめ。上品なニュ
アンスカラーが肌になじみ、知的で洗練されたイ
メージに。アイシャドウは、黄みではなく赤みを
含んだココア系のブラウンを重ねて。セミマット
な質感が得意なので、ラメやパールを使うなら繊
細なシルバー系を。リップも適度なツヤ感のもの
を選ぶとしっくりきます。

アイシャドウ /
SUQQU シグニチャー カラー
アイズ 01 瑞花 MIZUHANA
チーク /
ADDICTION アディクション
ザ ブラッシュ 010M Orchid
Dusk (M) オーキッド ダスク
リップ /
SUQQU シアー マット
リップスティック 02 萩風
HAGIKAZE

甘さを抑えた色で
手に入れるインテリジェンス

夏×ナチュラルはどんなタイプ？

気負わないのに漂う品と抜け感

ゆったりとしたシルエットのカジュアルスタイル
も、上品な色が似合う夏×ナチュラルタイプが着る
と、大人っぽくこなれた雰囲気に。夏タイプはやさ
しい顔立ちの方が多いので、少しきれいめなカジュ
アルアイテムを選ぶのがポイント。品がありながら
も抜けを感じる、おしゃれな着こなしになります。

イメージワード

シック、粋、こなれた、抜け感のある

夏×ナチュラルタイプの有名人

新垣結衣、綾瀬はるか、井川遥、吉田羊
（※写真での判断によるものです）

夏タイプの特徴

・ブルーベース、高明度、低彩度、マット
・エレガントでやさしい色が似合う

ナチュラルタイプの特徴

・手足が長くフレーム感のある体
・ゆったりとしたラフなアイテムが似合う

似合う色、苦手な色

夏タイプに似合う色

夏タイプに属する色は、夏タイプ以外の方が身につけると顔色が抜けて青白く見えてしまいます。一方で、もともと血色のいい夏タイプの方が身につけると、青白くならずに肌の透明感がアップ。

ナチュラルタイプの方には、ソフトなブルーやラベンダー、ペパーミントグリーンがとくにおすすめです。

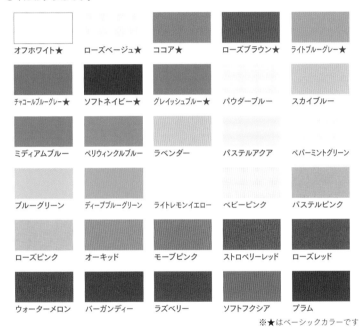

オフホワイト★	ローズベージュ★	ココア★	ローズブラウン★	ライトブルーグレー★
チャコールブルーグレー★	ソフトネイビー★	グレイッシュブルー★	パウダーブルー	スカイブルー
ミディアムブルー	ペリウィンクルブルー	ラベンダー	パステルアクア	ペパーミントグリーン
ブルーグリーン	ディープブルーグリーン	ライトレモンイエロー	ベビーピンク	パステルピンク
ローズピンク	オーキッド	モーブピンク	ストロベリーレッド	ローズレッド
ウォーターメロン	バーガンディー	ラズベリー	ソフトフクシア	プラム

※★はベーシックカラーです

夏タイプが苦手な色

やさしい顔立ちの方が多いので、強すぎるビビッドカラーは色だけが浮いてしまいマッチしません。暗すぎる色、キャメルやカーキなど黄みの強い色も、顔が暗くなったり黄色くくすんだりします。暗い色でもソフトネイビーは似合う色なので、フォーマルな場などではアクセサリーで顔に光を集めながら身につけましょう。

色選びに失敗しないための基礎知識

色の「トーン」のお話

実際に服やコスメを選ぶときは、39ページの似合う色のカラーパレットと照らし合わせると選びやすいと思います。

ここからは、「カラーパレットにない色を選びたい」「似合う色を自分で見極められるようになりたい」という方のために、ちょっと上級者向けの色のお話をしますね。

下の図は、色を円環状に配置した「色相環」という図です。これは、赤・緑・青などの「色相」(色味の違い)を表しています。この色相環をもとに、ベースの色味が決まります。

ただ、色の違いは色相だけでは説明できません。同じ赤でも、明るい赤や暗い赤、鮮やかな赤やく

すんだ赤があるように、色には「明度」(明るさ)や「彩度」(鮮やかさ)という指標もあります。

明度や彩度が異なることによる色の調子の違いを「トーン」と呼んでいます。右ページ下の図は、色相とトーンをひとつの図にまとめたもの。

「ビビッド」は純色と呼ばれる、最も鮮やかな色。そこに白を混ぜていくと、だんだん高明度・低彩度に。黒を混ぜていくと、だんだん低明度・低彩度になります。

白か黒を混ぜるだけでは色は濁らずクリア(清色)ですが、グレー(白+黒)を混ぜるとマット(濁色)になります。

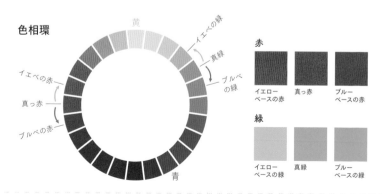

色相環

黄
イエベの緑
真緑
ブルベの緑
イエベの赤
真っ赤
ブルベの赤
青

赤

イエローベースの赤	真っ赤	ブルーベースの赤

緑

イエローベースの緑	真緑	ブルーベースの緑

夏タイプに似合う色のトーンは？

個人差はありますが、下のトーン図でいうと、lt（ライト）、ltg（ライトグレイッシュ）、sf（ソフト）、d（ダル）、s（ストロング）が夏タイプに似合いやすい色。このなかでも青みのある色を選べば OK です。

夏タイプの方は、グレーが混ざっていない清色を身につけるとよりさわやかな印象に、濁色を身につけるとより上品な印象になります。

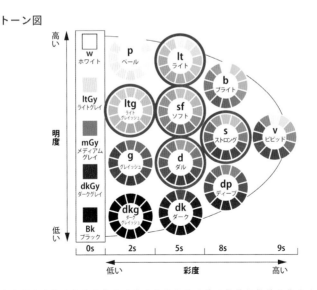

トーン図

第一印象は「フォーカルポイント」で決まる

フォーカルポイントとは？

おでこから胸もとまでの約30cmのゾーンを「フォーカルポイント」（目を引く部分）といいます。私たちは人と対面するとき、相手のフォーカルポイントを見てその人がどんな人かを無意識に判断しています。

つまり、顔だけでなく「服のネックライン」までもが第一印象を左右するということ。「似合う」を手軽に、でも確実に手に入れるためには、顔まわりにパーソナルカラーをもってくることと同時に、服のネックラインにこだわることがとても大切なんです。

**似合うフォーカルポイントの
つくり方**

似合うネックラインと、苦手なネックライン。それは、骨格タイプによって決まります。

ナチュラルタイプの方は首が長くしっかりしていて、鎖骨も大きめ。ネックラインが大きくあいていると、首の長さや骨の存在感が強調されすぎてしまうので、ネックラインのあいていない服がおすすめです。

ナチュラルタイプに似合うネックラインは、ラウンドネックや少し襟の高いモックネック。シャツを着るときはボタンを上までとめるか、第1ボタンだけあけて抜き襟にします。

首がすっぽり包まれる、ゆったりとしたタートルネックも〇。首が長いナチュラルタイプだからこそカッコよく決まるアイテムです。

肉感をあまり感じないスタイリッシュな体には、重ね着で立体感を出す足し算コーデもよく似合います。ネックラインがあいているときは、あきの小さい服を下にレイヤードしておしゃれに調整するというテクニックも。

小さいフリルやリボンは骨格の強さとマッチしにくいため、襟や胸もとに装飾のある服を着る場合は、大きめのディテールのものを選ぶとしっくりきます。

ネックラインのほか、フォーカルポイントに近いスリーブ（袖）ラインも、肩まわりや二の腕の印象に影響を与えます。ネックラインに加えて意識するとさらに効果的！

似合う！

しっくり
こない……

ニットとTシャツの重ね着で、ネックライン
が上がって立体感もアップ！
夏タイプに似合う、スモーキーなブルーグレー
でシックに。

首もとが縦に大きくあいていると、
首の長さや骨っぽさが目立つ。
黄みの強い色、薄手の素材も苦手。

似合うネックライン

ラウンドネック

ボートネック

タートルネック

オフタートル

シャツカラー

似合うスリーブライン

半袖

ロールアップスリーブ

ケープレッドスリーブ

ドルマンスリーブ

体の質感でわかる、似合う素材と苦手な素材

厚手の天然素材が似合うナチュラルタイプ

　骨格診断でわかるのは、似合うファッションアイテムの「形」と「素材」。形だけでなく素材もまた、似合う・似合わないを決める重要なポイントです。

　ナチュラルタイプは、筋肉や脂肪より骨の強さや大きさが目立ち、肌質はマットな方が多いタイプ。骨感を包み込むような風合いのある素材や、厚手の素材が似合います。

　たとえば、麻や綿などの天然素材は大得意。とくに、しわ加工が施されたものや、オックスフォード生地のように表面に凹凸のあるものは、骨格や肌質にマッチしてこなれた雰囲気に。

　デニム、コーデュロイ、ブリティッシュツイードなどの厚手でかための素材も◎。冬に着たいムートンやダウンのジャケットも、ナチュラルタイプなら着太りせずさらっと着こなせます。

　ニットを着るときは、ざっくりと編まれたローゲージニットを。服のなかで体が泳ぐくらいのオーバーサイズを選ぶと、ほどよいボリュームとラフ感が出ておしゃれに決まります。

体の質感と合いにくいのはどんな素材?

　同じ厚みのある素材でも、パリッとした綿シャツやギャバジン生地のトレンチコートなど、フラットできれいめの素材はちょっと苦手。骨感や体の細さが強調され、寂しく物足りない印象になります。

　また、シフォンやポリエステルなどの薄い素材、モヘアなどのやわらかい素材、エナメルなどの光沢がある素材も、骨格や肌質にあまりマッチしません。

　体にお肉がついていない方が多いので、薄い素材やジャストフィットの服のほうがその体型をいかせるのではないか、と思うかもしれません。

　じつは、体のラインが出やすい服は骨の強さや大きさも拾ってしまうので、全体的に骨ばった印象やたくましい印象になりがち。ラフな厚手の素材をゆったりシルエットで着る、これがナチュラルタイプをよりすてきに見せる鉄則です。

ナチュラルタイプに似合う素材

麻

ブリティッシュツイード

コットン

ウール

デニム

革

ナチュラルタイプに似合う柄

タータンチェック

ボタニカル

ストライプ

ボーダー

ペイズリー

ギンガムチェック

重心バランスを制すると、
スタイルアップが叶う

自分の体の「重心」はどこにある？

　骨格タイプごとにさまざまな体の特徴がありますが、大きな特徴のひとつに「重心」の違いがあります。骨格診断でいう重心とは、体のなかでどこにボリュームがあるかを示す言葉。

　ストレートタイプは、胸もとに立体感がありバストトップの高い方が多いので、横から見るとやや上重心ですが、基本的に偏りはなく「真ん中」。

　ウェーブタイプは、バストトップや腰の位置が低く、腰の横張りがある「下重心」。

　ナチュラルタイプは、肩幅があって腰の位置が高く、腰幅の狭い「上重心」の方が多いです。

　自分の体の重心がどこにあるかを知り、服や小物で重心を移動させてちょうどいいバランスに調整する。これが、スタイルアップの秘訣です！

ナチュラルタイプに似合う重心バランス

　重心バランスを調整するためにまずチェックしたいのが、「ウエスト位置」と「トップスの着丈」。ナチュラルタイプは上重心の方が多いため、重心を下げるアイテムや着こなしを選ぶとバランスが整います。

　ウエスト位置はローウエスト。トップスの着丈は、腰骨が隠れる丈からロング丈までOK。基本的にトップスはボトムスにインせずに着るか、長すぎる場合は前だけインしてラフにブラウジングします。

　オーバーサイズのトップスやロングカーディガンに、マキシ丈のスカートを合わせてさらに重心を下げても、ナチュラルタイプならむしろプロポーションが整ってスタイルアップして見えます。

　重心バランスには、服だけでなく小物も関係します。

　バッグは、もつ位置によって重心を上下させることが可能。ナチュラルタイプは大きめのバッグを手からさげてもつと重心が下がります。

　靴は、ボリュームによって重心を上下させます。ナチュラルタイプは、厚底やチャンキーヒール、ハイカットなど、ボリュームのある靴が得意。

　ネックレスの長さも抜かりなく！　みぞおち〜おへそ程度の長めのネックレスを身につけると好バランスです。

結論！
夏×ナチュラルタイプに似合う
王道スタイル

上品な夏カラーの
ラフ＆カジュアル
スタイル

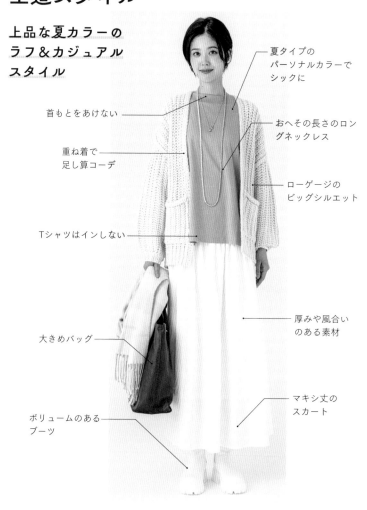

夏タイプの
パーソナルカラーで
シックに

首もとをあけない

おへその長さのロン
グネックレス

重ね着で
足し算コーデ

ローゲージの
ビッグシルエット

Tシャツはインしない

厚みや風合い
のある素材

大きめバッグ

マキシ丈の
スカート

ボリュームのある
ブーツ

パーソナルカラーと
骨格診断に
合っていない
ものを着ると……

黄みの強い色は、
顔色が黄ぐすみする原因—

首もとが縦にあいて—
いて、首の長さや
骨っぽさが目立つ

薄手のやわらかい素材が—
骨格の強さを強調

小さいバッグが
骨格の強さと
アンバランス—

膝上スカートで重心が
上がってバランスが
イマイチ

苦手はこう攻略する！

Q. 苦手な色のトップスを着たいときは？

A1. セパレーションする

苦手な色を顔から離す方法が「セパレーション」。
首もとに似合う色のネックレスやスカーフをする
など、似合う色を少しでも顔まわりにもってくる
ことが大切。セパレーションが難しいタートル
ネックは似合う色を選ぶことをおすすめします。

A2. メイクは似合う色にする

メイクの色は顔に直接的な影響を与えます。苦手
な色のトップスの影響を和らげるには、アイシャ
ドウ・チーク・リップを似合う色で徹底！

Q. 暗い色のトップスを着たいときは？

A. アクセサリーで顔に光を集める

夏タイプの方は暗すぎる色が苦手なので、代わりにピアス・イヤリングやネックレスで
顔に光を集めましょう。真っ白すぎず黄みがありすぎないオフホワイトのパールがおす
すめ。

Q. 鮮やかな色のトップスを着たいときは？

A. 黒縁メガネをかける

やさしい顔立ちの方が多い夏タイプ。ビビッドな色や黒のトップスを着たいときは、顔
の印象が色に負けないように黒縁メガネをかけると、ちょうどいいバランスに。

夏×ナチュラルタイプのベストアイテム12

　ここからは、夏×ナチュラルタイプの方におすすめしたいベストアイテム12点をご紹介。夏×ナチュラルタイプの魅力を最大限に引き出してくれて、着まわし力も抜群のアイテムを厳選しました。

　これらのアイテムを使った14日間のコーディネート例もご紹介するので、毎日の着こなしにぜひ活用してください。

BEST ITEM 1

オフホワイトのロングTシャツ

　着まわし力抜群のロンTは、真っ白ではなくオフホワイトを。ウエストの絞りのないビッグシルエットが似合います。ロゴはセリフ体（日本語でいう明朝体のようなフォント）などきれいめのデザインで、大きめのものが◎。

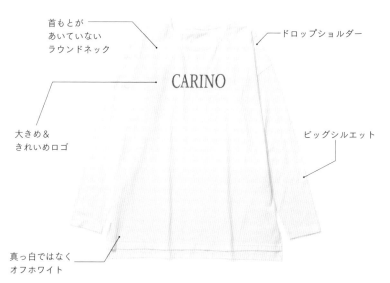

首もとが
あいていない
ラウンドネック

ドロップショルダー

CARINO

大きめ＆
きれいめロゴ

ビッグシルエット

真っ白ではなく
オフホワイト

LongT-shirt / marvelous by Pierrot

ローズピンクのストライプシャツ

エレガントな色のストライプシャツは、カジュアルにもきれいめにも使えて便利。太すぎずコントラストが強すぎない上品なストライプを選んで。夏×ナチュラルタイプは少しきれいめ素材でもOKですが、骨感を拾わない厚めの生地がベター。

ローズピンク
×オフホワイト

太すぎないストライプ

厚めで
しっかりした生地

地と柄の
コントラストは
抑えめ

絞りのない
シルエット

Shirt / KOBE LETTUCE

ペールグレーのカーディガン

太い糸でざっくり編まれたローゲージニットは、ナチュラルタイプのこなれ感をアップ。身幅も袖もゆったりとしたシルエットで。夏タイプは肌がやわらかい方が多いので、ポリエステルやアンゴラ混など少しソフトな素材も OK。

オフホワイトに近い
ペールグレー

ざっくり
ローゲージニット

ゆったりとした
身幅と袖

少しソフトな素材感

重ね着しやすい
カーディガン

Cardigan / KOBE LETTUCE

オフホワイトのフレアスカート

ギャザーがたっぷり入ったロング丈のスカートは、かわいらしくて重心も
下げられるアイテム。天然素材が似合いますが、薄すぎずやわらかすぎな
ければポリエステルも OK。シャリ感のあるカジュアルな生地がおすすめ。

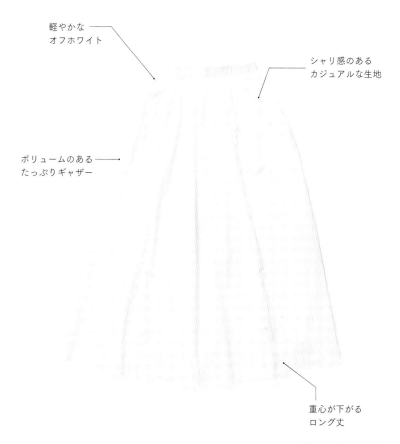

軽やかな
オフホワイト

シャリ感のある
カジュアルな生地

ボリュームのある
たっぷりギャザー

重心が下がる
ロング丈

Skirt / marvelous by Pierrot

ウォッシュドデニムパンツ

少しウォッシュがかかった明るめのブルーデニムは、カジュアルだけど上品。生地に厚みのあるゆったりシルエットなら、腰やお尻や脚の骨感をカバーしてソフトな印象に。丈はフルレングスで長さと重さをしっかり出します。

少しウォッシュが
かかった明るめの
ブルー

ゆったりはける
シルエット

ダメージ加工が
あまりないもの

ややかためで
厚みのある生地

重心が下がる
フルレングス

Jeans / KOBE LETTUCE

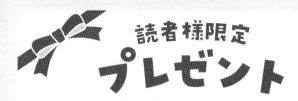

読者様限定 プレゼント

パーソナルカラー×骨格診断別 似合わせBOOK

海保麻里子:著

特別無料

動画配信

著者でカラリストの海保麻里子先生が、
骨格タイプ別のおすすめブランドを
ご紹介します。

LINE登録するだけ！

【動画の視聴方法】

サンクチュアリ出版の公式LINEを
お友だち登録した後、トーク画面にて、
似合わせBOOK
と送信してください。

自動返信で、視聴用のURLが届きます。
動画が届かない、登録の仕方がわからないなど不明点がございましたら、
kouhou@sanctuarybooks.jpまでお問い合わせください。

切手を
お貼り下さい

113-0023

東京都文京区向丘2-14-9

サンクチュアリ出版

『パーソナルカラー夏×骨格診断ナチュラル
似合わせBOOK』
読者アンケート係

ご住所　　〒□□□-□□□□		
TEL※		
メールアドレス※		
お名前		男 ・ 女 （　　歳）
ご職業 1 会社員　2 専業主婦　3 パート・アルバイト　4 自営業　5 会社経営　6 学生　7 その他		
ご記入いただいたメールアドレスには弊社より新刊のお知らせや イベント情報などを送らせていただきます。 希望されない方は、こちらにチェックマークを入れてください。	メルマガ不要	□

ご記入いただいた個人情報は、読者プレゼントの発送およびメルマガ配信のみに使用し、
その目的以外に使用することはありません。
※プレゼント発送の際に必要になりますので、必ず電話番号およびメールアドレス、
両方の記載をお願いします。

弊社HPにレビューを掲載させていただいた方全員にAmazonギフト券（1000円分）をさしあげます。

『パーソナルカラー夏×骨格診断ナチュラル　似合わせBOOK』
読者アンケート

本書をお買上げいただき、まことにありがとうございます。
読者サービスならびに出版活動の改善に役立てたいと考えておりますので
ぜひアンケートにご協力をお願い申し上げます。

■本書はいかがでしたか？　該当するものに〇をつけてください。

最悪	悪い	普通	良い	最高
★	★★	★★★	★★★★	★★★★★

■本書を読んだ感想をお書きください。

パウダーブルーのストライプワンピース

カジュアルなゆったりワンピースは、さわやかなブルーのストライプで品のよさと美肌を叶えて。ロング丈で重心も下げます。リラックス感のあるスキッパーデザインは、首もとがあいていないTシャツとのレイヤードがおすすめ。

肌の透明感を
アップする
パウダーブルー

重ね着がラフに
決まるスキッパー

布たっぷりの
ゆったり
シルエット

主張が強すぎない
上品なストライプ

裾が広がる
Aライン

重心が下がる
ロング丈

One piece / KOBE LETTUCE

ソフトネイビーのジャケット

メンズライクなダブルジャケットがカッコよく決まるのはナチュラルタイプの特権。茄子紺と呼ばれる、ほんのり青紫がかったソフトネイビーは、幅広いシーンで活躍する万能カラー。夏タイプの肌をより美しく見せてくれます。

美肌効果の高い
ソフトネイビー

ゆったりとした
身幅と袖

ウエストに
絞りのない
ボックスシルエット

ダブルボタン

お尻が隠れる
着丈

Jacket / marvelous by Pierrot

54

ライトグレーのロングコート

夏タイプは青みのあるグレーより、白と黒を混ぜてできる無彩色のライトグレーのほうが似合う場合が多いため、重衣料ならこの色がおすすめ。肩ラインや全体のシルエットがかっちりしていないロング丈ウールコートが◎。

ドロップ
ショルダー

大きめの襟

厚手で
カジュアルな
ウール素材

ゆったり
シルエット

シックな
ライトグレー

やや裾広がりの
ロング丈

Coat / KOBE LETTUCE

ネイビーのレザートート

バッグを選ぶときは、骨格の強さに合う大きめサイズでラフな形のものを。
ネイビーのレザートートなら、きちんとした場でも大活躍。ややマットな
型押しレザーなど、光沢の少ない素材が似合います。

大きめで
かっちりしすぎて
いないデザイン

ややマットな
型押しレザー

きちんとした場でも
使えるネイビー

Bag / cache cache

BEST ITEM 10

オフホワイトのビットローファー

靴も骨格に合わせてボリュームのあるものを。重心を下げる役目も担って
くれます。厚みのあるタンクソールのローファーは、明るい色を選ぶとコー
ディネートに抜け感が出ておしゃれに。エレガントなホースビットつき。

ボリューム感の
あるデザイン

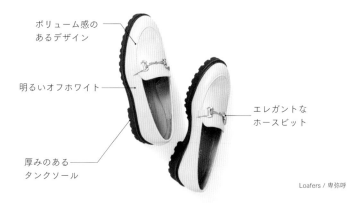

明るいオフホワイト

エレガントな
ホースビット

厚みのある
タンクソール

Loafers / 卑弥呼

シルバーのフープピアス
シルバービーズ×パールのネックレス

ピアスやイヤリングは、耳から下がる大ぶりデザインがおすすめ。オーバル形フープはエレガントな印象に。ネックレスはみぞおち〜おへその長さがベスト。1連でも2連でも使えるタイプなら、服に合わせて表情を自在に変えられます。

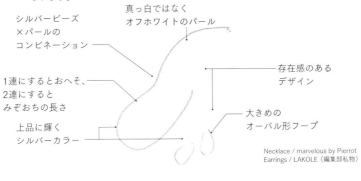

シルバービーズ×パールのコンビネーション

真っ白ではなくオフホワイトのパール

存在感のあるデザイン

1連にするとおへそ、2連にするとみぞおちの長さ

上品に輝くシルバーカラー

大きめのオーバル形フープ

Necklace / marvelous by Pierrot
Earrings / LAKOLE（編集部私物）

革ベルトの腕時計

手首をさりげなく飾る腕時計も、機能性だけでなく色や形にこだわってコーディネートを楽しみましょう！ 夏×ナチュラルタイプは、オフホワイトの革ベルト×シルバー、フェイスは大きめ。汚れが気になる場合はライトグレーやネイビーの革もOK。

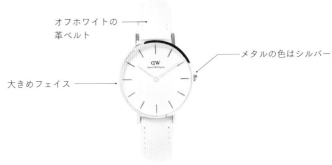

オフホワイトの革ベルト

メタルの色はシルバー

大きめフェイス

Watch / 編集部私物

着まわしコーディネート 14Days

　自分に本当に似合うものを選ぶと、「最小限のアイテム」で「最高に似合うコーディネート」をつくることができるようになります。

　先ほどのベストアイテム12点をベースに、スタイリングの幅を広げる優秀アイテムをプラスして、夏×ナチュラルタイプに似合う14日間のコーディネート例をご紹介します。

BEST ITEM

○ オフホワイトのロングTシャツ

○ ローズピンクのストライプシャツ

○ ペールグレーのカーディガン

○ オフホワイトのフレアスカート

○ ウォッシュデニムパンツ

○ パウダーブルーのストライプワンピース

○ ソフトネイビーのジャケット

○ ライトグレーのロングコート

○ ネイビーのレザートート

○ オフホワイトのビットローファー

○ シルバーのフープピアス／シルバービーズ×パールのネックレス

○ 革ベルトの腕時計

☐ ライトブルーグレーの
　Tシャツ

T-shirt / KOBE LETTUCE

☐ ネイビーのトレーナー

Sweatshirt / ANTIQUA

☐ ラベンダーのニット

Knit / marvelous by Pierrot

☐ ライトグレーのアラン
　ニット

Knit / marvelous by Pierrot

☐ ライトグレーのワイド
　パンツ

Pants / marvelous by Pierrot

☐ シルバーグレーのマウンテ
　ンパーカ

Outer / 編集部私物

バッグ

Bag（左奥ネイビートート）/ L.L.Bean、
（中奥グレーレザートート、前中央グレー
かご）/ Trysil、（右前ネイビーレザー、
左前グレーナイロン）/ cache cache

靴

Loafers（左ブラウン）/ 編集部私物、
Boots（上グレーエンジニア）/ 卑弥呼、
Sneakers（右 ホ ワイト）・Sandals・
Moccasins（右グレー）/ welleg

アクセサリー

Bracelet（左チェーン）/ L.A.H.、Bangle
（右）・Earrings（上パール一粒）/ MISTY、
Necklace（左チェーン）・Earrings（中
パールつき）/ Kengo Kuma + MA,YU、
Necklace（中サークルモチーフ）/ LANVIN
en Bleu、Necklace（右パールモチーフ）・
Earrings（左チェーン）/ 編集部私物、
Watch / シチズン エル

メガネ・サングラス

Glasses / Zoff
Sunglasses / 編集部私物

そのほかの小物

Stole（右下ピンク×グレー×
ホワイトチェック、ミントグリー
ンリネン）/ 編集部私物、（グ
レー×ブルーチェック）/ estāā、
（ホワイト、レッド）/ FURLA、
Cap / 編集部私物

Day 1

トレーナー×シャツで
かわいらしいきちんと感を

誠実なネイビー、かわいらし
いローズピンク、さわやかな
オフホワイトの配色でメリハ
リのあるコーディネート。ト
レーナーの下にシャツを着る
と、カジュアルななかにきち
んと感を演出できます。シャ
ツの裾はアウトして、袖を少
し覗かせながらまくれば、一
気にこなれた雰囲気に。ボト
ムスにはあえてフレアスカー
トを合わせ、テイストミック
スを楽しんで。

◯+◯+☐

社内打ち合わせは
落ち着いた寒色コーデで

Day2

ジャケット×デニムで、適度にラフなオフィススタイル。落ち着いたブルー系の濃淡に、オフホワイトのロンTで清潔感を足し、ネイビーと少し色相をずらしたミントグリーンのストールでさわやかに仕上げます。靴はブラックではなく赤みのダークブラウンでおしゃれに。全体的にハンサムなので、揺れるピアスでエレガントさをさりげなくプラス。

◯+◯+◯+◯

Day3

ワンピースのパウダーブルーと、なかに着たTシャツのライトブルーグレーは、同系色でトーンも近いソフトな配色。濁りのあるスモーキーカラーが夏×ナチュラルタイプをグッと洗練させます。グレー系のかごバッグとヌーディーなトングサンダルで大人っぽく仕上げたら、ボリュームのあるシルバーアクセサリーで肌をより美しくなめらかに。

◯+□

夏のデートは
スモーキーな色で楽しむ

ちょっとしたお買いものに行くときのワンマイルコーデも、近すぎず遠すぎない色相差のピンク×ブルーで粋な雰囲気に。インナーにオフホワイトを入れると2色が調和しやすくなります。甘めのピンクシャツも、デニムとバッグのニュアンスカラー効果で甘すぎず大人っぽい着こなしに。グレー系のサングラスで初夏の日差しをおしゃれにカット。

◯＋◯＋◯＋◯

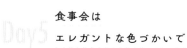

ワンマイルウェアも
ピンク×ブルーで粋に

食事会は
エレガントな色づかいで

大切な約束は、エレガントなラベンダー×クリーンなオフホワイトで思いきり上品に。ローファーとグレージュのバッグ、ニットと色相・トーンが近いピンク×グレー×ホワイトのチェック柄ストールを合わせ、全体的にやさしい印象でまとめます。ペンダントネックレスは大きめのトップがおすすめ。バロックパールのネックレスに、ピアスもパールで統一して、きちんと感アップ。

◯＋◯＋◯＋☐

Day6

取引先と会う日は
ブルーを重ねて上品に

ジャケット、Tシャツ、バッグをトーン
の異なる同系色で合わせ、上品でありな
がらも深みのあるコーディネートに。パ
ンツと靴を含め、全体をスモーキーな色
でまとめても地味にならずおしゃれに見
えるのは、夏タイプだからこそ。アクセ
サリーはナチュラルタイプらしい存在感
のあるものを。シルバーやパールのソフ
トな輝きが気品を高めてくれます。

○+○+○+□+□

大人カジュアルで
子どもとアスレチック

トレーナー×デニムの定番カジュアルス
タイルも、同系色の濃淡配色で大人っぽ
い印象に。トレーナーからチラ見せした
ロンTや小物にホワイト系をちりばめ
て、抜けのあるコーディネートに仕上げ
ましょう。ポイントは、ブルーの反対色
にあたるレッドのストール。アクセント
がよりアクティブなムードを醸し出しま
す。

○+○+○+□

Day8

やさしい色でつくる
冬のきれいめカジュアル

ラベンダーは夏タイプをより
エレガントに見せる色。少し
シャビーなデニムと合わせる
と、きれいめとカジュアルの
絶妙なハーモニーが生まれま
す。ニット、デニム、バッグ
は色相が近い同系色なのでま
とまり感もアリ。夏タイプは
色のコントラストをつけすぎ
ず、ソフトな配色を心がける
と◎。仕上げにオフホワイト
のストールで抜けをプラス。

◯+◯+◯+☐

Day9

ジャケットを
かわいくさわやかに着る

ほどよくカジュアルなジャケットスタイ
ル。少しきちんと感を出したいときは
シャツをインしても OK。軽くブラウジ
ングしてジャケットを羽織り、重心を下
げます。ネイビーとピンクは色相差・明
度差があり、フォーマル感とかわいらし
さが同居する配色。ネイビーとオフホワ
イトも明度差があるので、全体的にコン
トラストがきいたさわやかな着こなしに
なります。

○+○+○+○+○

図書館で
勉強する日の
シック＆カジュアル

Day10

微妙にトーンが異なるホワイト系をカー
ディガン・Tシャツ・スニーカーで重
ね、おしゃれで品のいい配色に。そこに
同系色の濃淡にあたるブルーデニムとネ
イビートートを合わせて、ふんわりした
色合いを引き締めます。一つひとつはカ
ジュアルなアイテムですが、色がシック
なので大人っぽい雰囲気。自分のペース
で落ち着いて過ごしたい日に。

○+○+○+○+○+○

涼しい色をまとって
オーガニックマルシェへ

暗めのブルー系が多いと落ち着いた印象になりますが、明るいパウダーブルーを主役にすると涼しげな着こなしに。同系色のミントグリーンのストール、オフホワイトのバッグ・スニーカー・腕時計でさらに清涼感をアップ。ワンピースの下にはロンTを合わせ、ネックラインを引き上げ。ナチュラルタイプらしいラフなレイヤードスタイルになります。

◯+◯+◯+◯+◯

遊びを入れたソフトな
ジャケットスタイル

Day12

同系色の濃淡にあたるネイビー×ラベンダーは、きれいに調和してエレガンスも感じるおすすめの配色。パンツスタイルでもやわらかい印象になります。バッグはあえてキャンバストート、靴もブラックではなくブラウンで、大人の余裕を感じさせるこなれたコーディネートに。夏×ナチュラルの気負わないムードにぴったりのオフィススタイルです。

◯+◯+◯+☐+☐

66

ワントーンコーデで
おしゃれ上級者見え

少しずつ色味をずらした淡い色で全体を
まとめると、簡単におしゃれ上級者の仲
間入り。寒々しくなりすぎないように、
やわらかいベージュををちりばめている
のがポイント。首まわりにボリュームが
出るフードつきアウターは、首の長さを
バランスよく整えてくれるおすすめアイ
テム。たくさん重ね着してもナチュラル
タイプなら着太りしません。

○+○+□+□+□

デスクワークの日は
ゆったりリラクシーに

1日中デスクで仕事をする日は、ロー
ゲージカーディガンやフレアスカート
などリラクシーなアイテムで。色味が
あまりないニュアンスカラーでまとめ、
オフィスにもなじむシックな着こなし
に。Tシャツと同系色のブルーが入った
チェック柄ストールは、羽織りや膝かけに
もできて便利。同じく同系色のネイビー
トートで全体を知的に引き締めます。

○+○+○+○+□

Column

ナチュラルタイプなのにカジュアルが似合わない!?

　骨格診断をしていると、「体型はナチュラルなのに、ナチュラルのアイテムがしっくりこない」という方が時々います。その場合、考えられる理由は「顔の印象」と「パーソナルカラーがもつイメージ」とのギャップ。

　たとえば、目鼻立ちがはっきりしていて、パーソナルカラーが冬タイプの方。シャープできれいめな色とデザインが似合うタイプなので、本来ナチュラルタイプに似合うはずのラフなアイテムが似合いにくいケースがあるのです。

　パーソナルカラー診断では「似合う色」を、骨格診断では「似合う形と素材」を見極めますが、加えてサロンでおこなっているのが「似合うファッションテイスト」を見極める『顔診断』。

　顔診断では、「顔の縦横の比率」「輪郭や顔のパーツが直線的か曲線的か」「目の形や大きさ」などにより、顔の印象を4つのタイプに分類します。

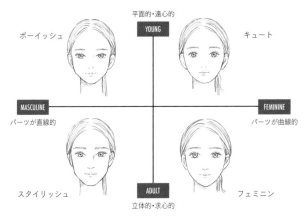

顔の印象に近づける、似合わせのコツ

　ナチュラルタイプなのにナチュラルのアイテムが似合いにくいのは、大人顔の「スタイリッシュ」「フェミニン」タイプ。「スタイリッシュ」タイプの方は、顔まわりを直線的なデザインにして、素材を少しきれいめにするのがポイント。しわ加工の強いシャビーなものは避け、厚手できれいめの素材を選ぶとしっくりきます。

　「フェミニン」タイプの方は、顔まわりを曲線的なデザインにして、素材を少しやわらかくするのがポイント。骨が長くても太くない方が多いタイプなので、フィット感もダボダボではなく、ややゆったり程度にするとちょうどいいです。

サンクチュアリ出版の主な書籍

頭のいい人の対人関係
誰とでも対等な
関係を築く交渉術

東大生が日本を
100人の島に例えたら
面白いほど経済がわかった!

なぜか感じがいい人の
かわいい言い方

貯金すらまともにできていま
せんが この先ずっとお金に
困らない方法を教えてください!

考えすぎない人
の考え方

相手もよろこぶ 私もうれしい
オトナ女子の気くばり帳

ぜったいに
おしちゃダメ?

カメラはじめます!

学びを結果に変える
アウトプット大全

多分そいつ、
今ごろパフェとか
食ってるよ。

お金のこと何もわからないまま
フリーランスになっちゃいましたが
税金で損しない方法を教えてください!

カレンの台所

オトナ女子の不調をなくす
カラダにいいこと大全

図解 ワイン一年生

覚悟の磨き方
～超訳 吉田松陰～

サンクチュアリ出版 = 本を読まない人のための出版社

はじめまして。サンクチュアリ出版・広報部の岩田梨恵子と申します。
この度は数ある本の中から、私たちの本をお手に取ってくださり、
ありがとうございます。…って言われても「本を読まない人のための
出版社って何ソレ??」と思った方もいらっしゃいますよね。
なので、今から少しだけ自己紹介させてください。

ふつう、本を買う時に、出版社の名前を見て決めることって
ありませんよね。でも、私たちは、「サンクチュアリ出版の本だから
買いたい」と思ってもらえるような本を作りたいと思っています。
そのために"1冊1冊丁寧に作って、丁寧に届ける"をモットーに
1冊の本を半年から1年ほどかけて作り、少しでもみなさまの目に
触れるように工夫を重ねています。

そうして出来上がった本には、著者さんだけではなく、編集者や
営業マン、デザイナーさん、カメラマンさん、イラストレーターさん、書店さんなど
いろんな人たちの思いが込められています。そしてその思いが、
時に『人生を変えてしまうほどのすごい衝撃』を読む人に
与えることがあります。

だから、ふだんはあまり本を読まない
人にも、読む楽しさを忘れちゃった人たち
にも、もう1度「やっぱり本っていいよね」
って思い出してもらいたい。誰かにとって
の「宝物」になるような本を、これからも
作り続けていきたいなって思っています。

Chapter 2

なりたい自分になる、
夏 × ナチュラルタイプの
配色術

ファッションを
色で楽しむ配色のコツ

ファッションに色をとり入れるのはハードルが高くて、気がつけばいつも全身モノトーン……。そんな方も多いのではないでしょうか？

でも、自分のパーソナルカラーを知ったいまならチャレンジしやすいはず。ぜひ積極的に似合う色をとり入れて、バリエーション豊かな着こなしを楽しんでいただきたいなと思います。

この章からは、色のあるアイテムをとり入れるときに役立つ「配色」のコツをご紹介。

配色とは、2種類以上の色を組み合わせること。相性のいい色同士もあれば、組み合わせるとイマイチな色同士もあり、配色によって生まれる雰囲気もさまざまです。

すてきな配色に見せる基本ルールを知っておくと、なりたいイメージやシチュエーションに合わせて自在に色を操れるようになり、ファッションがもっと楽しくなります。

すてきな配色に見せるには

40ページで、色味の違いを「色相」、明度や彩度の違いを「トーン」と呼ぶとお伝えしました。配色で重要なのは、この「色相」と「トーン」の兼ね合いです。

・ **色相を合わせるなら、**
  トーンを変化させる。

・ **色相を変化させるなら、**
  トーンを合わせる。

これが配色の基本セオリー。どういうことなのか、コーディネートに使える6つの配色テクニックとともにくわしく説明していきますね。

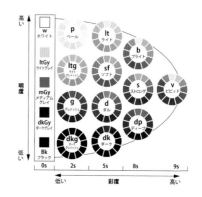

色相を合わせる

色相環で近い位置にある色同士（色味が似ている色同士）を組み合わせるときは、トーンを変化させます。たとえばブルー系の色同士を配色するなら、明度や彩度の異なるブルーを組み合わせる、といった感じ。色相を合わせる配色のことを「ドミナントカラー配色」といいます。

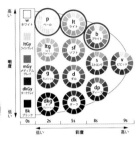

色相環で近い色味でまとめ、トーンは変化をつけて選択。

トーンオントーン

ドミナントカラー配色の中でもコーディネートに使いやすいのが「トーンオントーン配色」。トーンのなかで比較的「明度」の差を大きくつける方法です。色相（色味）のまとまりはありながらも、明るさのコントラストがはっきり感じられる配色です。

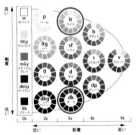

色相環で近い色味（同一も含む）でまとめ、トーンは縦に離す。明度差を大きくとって選択。

トーンを合わせる

色相環で遠いところにある色相同士（色相に共通性がない反対色）を組み合わせるときは、トーンを合わせます。明度や彩度が似ている色同士を組み合わせると、きれいな配色になります。トーンを合わせる配色のことを「ドミナントトーン配色」といいます（実際のコーデで使いやすいように無彩色も含めています）。

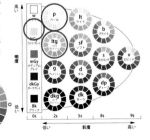

トーン図で近いトーンでまとめ、色相は変化をつけて選択。

色相・トーンを合わせる（ワントーン配色）

色相・トーンともにほとんど差のない色同士をあえて配色することもあります。ファッション用語では「ワントーン」と呼ばれたりもします。専門用語では「カマイユ配色」や「フォカマイユ配色」（カマイユ配色より色相やトーンに少し差をつけた配色）と呼ばれる穏やかな配色で、その場合は異なる素材のアイテム同士を組み合わせるとおしゃれです（実際のコーデで使いやすいように無彩色も含めています）。

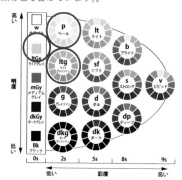

色相、トーンともに色相環・トーン図で近い色で選択。

色相・トーンを変化させる（コントラスト配色）

一方、色相やトーンが対照的な色同士を組み合わせると、コントラストがはっきりした配色になります。代表的な配色としては、2色の組み合わせの「ビコロール配色」、3色の組み合わせの「トリコロール配色」があります。

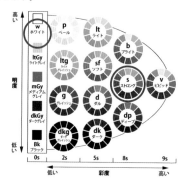

色相やトーンを、色相環・トーン図で離れた色で選択。夏タイプは鮮やかすぎるsトーンが○。

アクセントカラーを入れる

コーディネートが単調で物足りないときに使うといいのが「アクセントカラー」（強調色）。少量のアクセントカラーをとり入れるだけで、配色のイメージが驚くほど変わります。アクセントカラーは、ベースカラーやアソートカラーの「色相」「明度」「彩度」のうち、どれかの要素が大きく異なる色を選ぶのがポイント。

ベース、アソートに対して、反対の要素の色を入れる（この場合は色相環で離れた色＝色相が反対の色）。

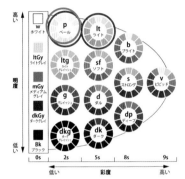

セパレートカラーを入れる

色と色の間に無彩色（白・グレー・黒など色味のない色）や低彩度色（色味の弱い色）を挟む方法。色相・トーンの差が少ない似た色同士の間にセパレートカラーを挟むと、メリハリが生まれます。また、組み合わせると喧嘩してしまうような色同士の間に挟むと、きれいにまとまります。ニットの裾からシャツを覗かせたり、ベルトをしたり、セパレートカラーを使うときは少ない面積でとり入れるのがポイント。

間に明るめのグレーを入れると、2色の色の差が引き立つ。

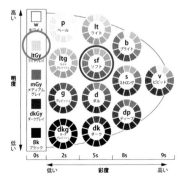

どの色を着るか迷ったときは？
色の心理的効果

自分に似合う色を知っていても、どの色を着ればいいのか迷うことがあるかもしれません。そんなときは、「今日1日をどんな自分で過ごしたいか」から考えてみるのはいかがでしょうか。色によって得られる心理効果はさまざま。色の力を借りれば、新しい自分や新しい日常と出会えるかも！

エネルギッシュに過ごしたい日は
RED レッド

炎や血液を彷彿とさせる、エネルギッシュで情熱的なレッド。大脳を刺激して興奮させる効果があります。

- 自分を奮い立たせて、やる気を出したい日に
- 自信をもって過ごしたい日に
- ここぞという勝負の日に

社交的に過ごしたい日は
ORANGE オレンジ

太陽の光のようにあたたかく親しみがあり、活動的なオレンジ。新しい環境や出会いの場におすすめの色です。

- 積極的にコミュニケーションをとりたい日に
- 陽気な気分で過ごしたい日に
- カジュアルな着こなしをしたい日に

思いきり楽しく過ごしたい日は
YELLOW イエロー

明るく元気なイメージのイエロー。目立ちやすく、人の注意を引く色なので、信号機や標識にも使われます。

- ポジティブに過ごしたい日に
- まわりから注目されたい日に
- 知的好奇心やひらめき力を高めたい日に

リラックスして過ごしたい日は
GREEN グリーン

調和・平和・協調など、穏やかな印象をもつグリーン。自然や植物のように心身を癒やしてくれるヒーリングカラー。

- 心身にたまった疲れを癒やしたい日に
- 些細なことでクヨクヨしてしまう日に
- 穏やかな気持ちでいたい日に

冷静に過ごしたい日は
BLUE ブルー

寒色の代表色で、冷静・信頼・知性などを連想させるブルー。血圧や心拍数を低減させ、気持ちの高揚を鎮める作用があります。

- 心を落ち着かせたい日に
- 考えごとやタスクが多く、焦っている日に
- 理知的な雰囲気を演出したい日に

個性的な自分で過ごしたい日は

PURPLE パープル

古くから高貴な色とされてきた
パープル。正反対の性質をもつ
レッドとブルーからなるため、神
秘的な魅力があります。

・我が道を進みたい日に
・ミステリアスな魅力をまといたい
　日に
・格式高い場所へ行く日に

思いやりをもって過ごしたい日は

PINK ピンク

精神的な充足感を与えてくれるピ
ンク。女性ホルモンであるエスト
ロゲンの働きを高め、肌ツヤを
アップさせる作用も。

・まわりの人たちにやさしくしたい
　日に
・幸福感を感じたい日に
・誰かに甘えたい日に

堅実に過ごしたい日は

BROWN ブラウン

大地のようにどっしりとした安定
を表すブラウン。ダークブラウン
はクラシックなイメージの代表色
でもあります。

・コツコツがんばりたい日に
・自然体でいたい日に
・高級感を演出したい日に

自分を洗練させたい日は

GRAY グレー

日本を代表する粋な色、グレー。
「四十八茶百鼠」という言葉があ
るように、江戸時代の人は 100 種
以上ものグレーを生み出したそう。

・こなれ感を出したい日に
・シックな装いが求められる日に
・控えめに過ごしたい日に

新しいスタートを切りたい日は

WHITE ホワイト

白無垢やウェディングドレス、白
衣など、清く神聖なものに使われ
るホワイト。純粋さや清潔さを感
じさせる色です。

・新しいことを始める日に
・素直でありたい日に
・まわりの人から大切にされたい日に

強い自分でありたい日は

BLACK ブラック

強さや威厳、都会的などのイメー
ジをもつブラック。1980 年代以
降、ファッション界で圧倒的な人
気を誇ります。

・強い意志を貫きたい日に
・プロフェッショナル感を出したい日に
・スタイリッシュな着こなしをした
　い日に

11色で魅せる、
夏×ナチュラルタイプの配色コーディネート

ブルー
BLUE 1

明るいブルーを重ねて
仕事中も心地よく

トップス、パンツ、ストールを明るいブルー系でまとめて、やさしくさわやかなオフィススタイルに。夏カラーは濁りがあるとシックなイメージですが、クリアで明るいとさわやかさがアップします。ストールの柄、バッグ、靴にはグレー系の濃淡をちりばめて上品に。少し暗いグレーのスエードパンプスがコーディネートを穏やかに引き締めます。

心地いいブルーのハーモニー
グレーが上品なアクセント
使いやすい大判ストール

①色相を合わせる

Knit, Pants, Necklace（シルバービーズ×パール）/ marvelous by Pierrot
Bag / Trysil
Pumps / 卑弥呼
Stole / estää
Earrings / MISTY
Necklace（シルバーチェーン）/ LANVIN en Bleu

ブルー
BLUE 2

こなれた色づかいで
友人とカフェランチ

ライトブルーグレーのTシャツ×ネイビーのジレの同系色濃淡に、オフホワイトのパンツを合わせて明度差をつけたメリハリ配色。ボトムスの色が明るいため軽やかさが生まれます。バッグと靴を夏タイプらしいスモーキーカラーにしたら、ミントグリーンのストールを添えてワンランク上のおしゃれを楽しんで。Tシャツと同系色なのでうまく調和します。

\# 動きのあるメリハリ配色
\# 白パンツに挑戦
\# 同系色でアクセントをつける

①色相を合わせる

T-shirt / KOBE LETTUCE
Gilet, Pants, Bag / marvelous by Pierrot
Moccasins / ACHILLES SORBO
Stole / 編集部私物
Earrings / 編集部私物
Necklace / VENDOME AOYAMA
Watch / シチズン エル

似合うブルーの選び方

明るくてやさしいトーンのブルーが似合う夏タイプ。さわやかなスカイブルーから、少しニュアンスのあるグレイッシュなブルーまで、幅広く着こなせます。反対に、ビビッドすぎるブルーは顔のソフトな印象とマッチしにくく、黄みの強いターコイズブルーは顔が黄ぐすみしやすい色です。

似合うブルー

スカイブルー　パウダーブルー　グレイッシュブルー

苦手なブルー

ターコイズ　チャイニーズブルー　ライトトゥルーブルー

PINK 1

ピンク

甘い色で楽しむ
フレンチカジュアル

ボーダーはナチュラルタイプが得意な
柄。コントラストの強すぎないローズピ
ンクのボーダーカットソーに、シャビー
ブルーのスカートを合わせれば、甘めの
フレンチカジュアルに。淡いトーンやグ
レイッシュな色がメインなので、大人
かわいく着こなせます。スカートのデニ
ム素材やフリンジもナチュラルタイプら
しさ満点。メガネでハンサムテイストを
ちょっぴりプラス。

ボーダーを甘めに着こなす
大人かわいいカジュアル
清潔感の出るホワイト系小物

②トーンを合わせる

Tops / marvelous by Pierrot
Sweatshirt / antiqua
Skirt / KOBE LETTUCE
Sneakers / welleg
Bag / L.L.Bean
Earrings / 編集部私物
Glasses / Zoff
Watch / BABY-G

PINK 2
ピンク

甘辛ピンク×ブラックで
下北沢を歩く

ピンクベージュのカーディガンにくすみ
ピンクのスカートで、大人っぽいかわい
らしさを演出。全体的にソフトな色合い
なので、ブラックをちりばめてキリッと
引き締めます。ストレートシルエットの
スカートも、ロング丈をチョイス＆サイ
ドゴアブーツを合わせて重心を下げるこ
とを忘れずに。仕上げにシルバーアクセ
サリーで、カジュアルスタイルにエレガ
ンスをプラス。

\# 大人のピンクの使い方
\# 小物でブラックをきかせる
\# 気負わないカジュアル小物

⑤アクセントカラーを入れる

T-shirt / ROYAL PARTY LABEL
Cardigan, Earrings / 編集部私物
Skirt, Boots / KOBE LETTUCE
Backpack / OUTDOOR PRODUCTS
Necklace / Kengo Kuma + MA,YU

似合うピンクの選び方

夏タイプを洗練させるのは、青みのある
ソフトなローズピンク。明るいパステル
系と、少しグレイッシュなスモーキー系、
どちらも肌なじみがよく似合います。苦
手なのはビビッドすぎるショッキングピ
ンク。やさしい顔立ちが色に負けてしま
います。頬に赤みのある方は、黄みの強
いサーモンピンクを身につけると赤ら顔
に見えたり黄ぐすみしたりしてしまうの
で、注意が必要。

似合うピンク

ローズピンク　　スモーキーピンク　　モーブピンク

苦手なピンク

ショッキングピンク　サーモンピンク　ライトサーモン

NAVY 1

スポーツミックスで
運動会の応援

スポーティーなパーカワンピースも、マキシ丈でネイビーならほどよくシック。グレーのトートを合わせてさらに品よくまとめて。明度差のある淡いピンクをキャップとストールでとり入れれば、子どもたちが主役の運動会を邪魔しない、ちょうどいいかわいらしさが生まれます。ストールの柄とスニーカーのホワイトがおしゃれな抜け感を演出。

大人スポーティー
重心を下げるゆったりマキシ丈
淡い色でアクセントをつくる

⑤ アクセントカラーを入れる

One piece / KOBE LETTUCE
Sneakers / PUMA（編集部私物）
Bag / L.L.Bean
Stole / 編集部私物
Cap / 編集部私物
Watch / BABY-G

<ruby>NAVY<rt>ネイビー</rt></ruby> 2

NAVY 2

晩秋のデイキャンプは
思いきりカジュアルに

オフホワイト×グレージュの上下にネイ
ビーブルーのベストを合わせ、明度差の
あるコントラスト配色に。ベストとトー
ンを変化させた同系色を小物にちりば
め、寒色系のダークカラーを多く使った
クールなカジュアルに仕上げます。フ
リースベストやムートンブーツなどボ
リュームのあるアイテムもおしゃれに決
まるのがナチュラルタイプ。防寒もバッ
チリ。

#クールなコントラスト配色
#カジュアルを思いきり楽しむ
#重ね着でおしゃれ&あったか

①色相を合わせる

④コントラスト配色

Hoodie / marvelous by Pierrot
Vest / L.L.Bean Japan Edition
Pants / WEGO
Boots / UGG®（編集部私物）
Backpack / OUTDOOR PRODUCTS
Stole / estää
Earrings / 編集部私物

似合うネイビーの選び方

ネイビーは全般的に似合う夏タイプ。茄
子紺と呼ばれる色に近い、少し青紫を感
じるソフトなネイビーがとくに似合いま
す。紫が入ることで、よりエレガントな
印象に。ただし、黄みを感じるネイビー
は避けたほうがベターです。

似合うネイビー

ソフトネイビー

ネイビーブルー

苦手なネイビー

ライトネイビー

マリンネイビー

GREEN 1

パステルカラーと
白のやさしさに包まれる

ロングニットにマキシスカート、大きめ
トート、ボリュームのあるブーツを合わ
せた、ナチュラルタイプらしいリラック
ス感のある下重心スタイル。色味が少し
ずつ異なるホワイトにパステルカラーの
ミントグリーンを重ね、あえて締め色を
入れず全体をソフトな雰囲気に。やわら
かいペールイエローやピンクベージュを
使うと、冷たすぎない癒やし系の配色に
なります。

締め色を入れないふんわりコーデ
いろんなホワイトを使う
ゆったりシルエット

②トーンを合わせる

LongT-shirt / AMERICAN HOLIC
Knitvest, Boots / KOBE LETTUCE
Skirt, Necklace（シルバービーズ×パール）/ marvelous by Pierrot
Bag / L.L.Bean
Stole / estää
Earrings / MISTY
Necklace（パール）/ 編集部私物

GREEN 2
グリーン

海辺のテラスが似合う
涼しげコーデ

スモーキーグリーンのパンツを主役に、
風合いのあるオフホワイトのロングシャ
ツをさらりと羽織って、海風になびく軽
やかなコーディネートに。ニュアンスカ
ラーが地味にならずかえって洗練され
る、夏タイプの魅力をいかした配色です。
シルバーのバッグやアクセサリーが入る
ことで、すっきりとした清涼感がアップ。
海を望みながらゆっくり過ごす休日に。

\# スモーキーカラーで洗練される
\# 気軽に羽織れるロングシャツ
\# シルバー小物ですっきり

②トーンを合わせる

Tanktop, Earrings, Necklace / 編集部私物
Shirt, Pants, Sandals / KOBE LETTUCE
Bag / cache cache
Glasses / Zoff
Watch / シチズン エクシード

似合うグリーンの選び方

夏タイプに似合うのは、青緑系のソフト
なグリーン。淡いペパーミントグリーン
や、華やかだけど少しだけマットなブルー
グリーンが、肌の透明感を引き出します。
暗いマラカイトグリーンやオリーブグ
リーンは顔に影が入り、鮮やかすぎるグ
リーンは顔が色に負けてしまうので、顔
まわりはできるだけ避けて。

似合うグリーン

ペパーミントグリーン　ブルーグリーン　ディープブルーグリーン

苦手なグリーン

ブライトイエローグリーン　オリーブグリーン　マラカイトグリーン

RED 1
レッド

赤をさわやかに着て
話題のかき氷屋さんへ

華やかさとボリュームを出せるローズ
レッドのティアードスカート。オフホ
ワイトのTシャツで白の面積を増やし
てさわやかにすると、鮮やかな色も着こ
なしやすくなります。スカートと同系色
の赤みダークブラウンのサンダルで、ま
とまりのある配色に。夏に重宝するかご
バッグは、定番のキャメルではなくグ
レー系がブルーベースの肌にマッチ。大
きめのタッセルも◎。

彩度差のあるメリハリ配色
レッドをさわやかに着る
ブルベにはグレーかごバッグ

④色相・トーンを変化させる

T-shirt / antiqua
Skirt / YECCA VECCA
Sandals / KOBE LETTUCE
Bag / Trysil
Earrings, Watch / 編集部私物
Necklace / Kengo Kuma + MA,YU

RED 2
レッド

大人トリコロールで
パリの街を歩く

ウォーターメロン（スイカ色）のアラン
ニットとデニムでアクティブに。服の色
とリンクさせたチェック柄ストールを羽
織れば、レッドの強さが和らいで抜けが
出ます。鮮やかな赤・青・白のトリコ
ロール配色も、青をネイビーに、白をラ
イトグレーやオフホワイトにアレンジす
ると、夏タイプに似合う大人っぽい配色
に。マットな革小物でさらにシックに仕
上げて。

色鮮やかな主役級ニット
夏タイプ版トリコロール
大人のカジュアルシック

④色相・トーンを変化させる

Knit / 編集部私物
Jeans / WEGO
Loafers / 卑弥呼
Bag / cache cache
Stole / estää
Earrings / MISTY

似合うレッドの選び方

夏タイプにイチオシのレッドは、赤紫系
のローズレッドやストロベリーレッド。
肌の透明感と同時に華やかさもアップし
てくれ、コーディネートのアクセントに
ぴったりです。暗すぎるワインレッドは
顔に影が入り、鮮やかなレッドは強すぎ
る印象に。オレンジ系の朱色は、赤ら顔
に見えてしまうので要注意。

似合うレッド

ストロベリーレッド　　ローズレッド　　　ラズベリー

苦手なレッド

クリアオレンジレッド　　ブライトレッド　　ワインレッド

PURPLE
パープル

上品カジュアルで
代々木公園のドッグラン

ラベンダーのフレアスカートに、色味を
抑えたパーカとグルカサンダルを合わせ
ると、上品なカジュアルスタイルに。カ
ジュアルアイテムを品のいい色でとり入
れる、夏×ナチュラルタイプの鉄板テク
ニックです。トートにはスカートと同系
色にあたるソフトネイビーを。耳を飾る
大きめのひと粒パールピアスは、カジュ
アルにもきれいめにも合うのでおすすめ

\# 上品カラーのカジュアルスタイル
\# サンダル×靴下でかわいく
\# 使えるひと粒パールピアス

①色相を合わせる

Hoodie, Socks / 編集部私物
Skirt / marvelous by Pierrot
Sandals / welleg
Bag / L.L.Bean
Stole / estää
Earrings / MISTY
Glasses / Zoff

似合うパープルの選び方

パープルは、夏タイプが最も得意とする
カラーのひとつ。ラベンダーやオーキッ
ドは肌の透明感を高め、エレガントな雰
囲気を演出します。ビビッドすぎるパー
プルは浮いてしまうので、やさしいトー
ンの青紫系や赤紫系がおすすめです。

似合うパープル

ラベンダー　　　　オーキッド　　　　ソフトフクシア

苦手なパープル

スィートバイオレット　ディープバイオレット　ロイヤルパープル

GRAY
グレー

学生時代の友人と集まる日の
洗練モノトーン

グレーは夏タイプによく似合うベーシックカラー（定番色）。オフホワイトにグレーの濃淡を合わせたモノトーンコーデも、夏タイプならおしゃれに着こなせます。小物をグレージュにすると、クールななかにエレガントな雰囲気も。もこもこのファージレは、立体感とこなれ感を一気に出せる秋冬のおすすめアイテム。ハンサムなパンツスタイルでもかわいらしさが漂います。

シックでモダンなモノトーン
グレージュ小物
秋冬に大活躍のファージレ

②トーンを合わせる

Knit, Jeans / KOBE LETTUCE
Gilet / mite
Loafers/ 卑弥呼
Bag, Necklace / marvelous by Pierrot
Stole / estää
Earrings / Kengo Kuma + MA,YU
Watch / 編集部私物

似合うグレーの選び方

グレーは、夏タイプのベーシックカラーのなかでも外せない色。明るめのグレーが得意です。ライト〜ミディアムグレーや、少し青みのあるブルーグレーなど、どれを合わせてもシックで洗練された印象に。黄みを含んだグレーや、黒に近い暗いグレーは苦手な傾向。使うなら明るい色を顔の下に入れてセパレートして。

似合うグレー

ライトグレー　　ミディアムグレー　　ライトブルーグレー

苦手なグレー

ウォームグレー　　チャコールグレー

YELLOW
イエロー

スポーティーカジュアルで
仕事帰りのジム通い

ライトレモンイエローのシャツをラフに
羽織り、ボトムスはシャビーなウォッ
シュドデニムをチョイス。反対色相のイ
エローとブルーは元気でスポーティーな
配色です。Tシャツのロゴのフォントが
カジュアルな場合は、色を薄めにする
と夏×ナチュラルタイプの雰囲気にマッ
チ。着替えもラクラク入るビッグトート
は、デニムと同系色を選んで奥行きを出
して。

元気の出る配色
袖はまくってこなれ感アップ
ロゴTの選び方

④色相・トーンを変化させる

T-shirt / mite
Shirt, Earrings, Bangle / 編集部私物
Jeans / marvelous by Pierrot
Sneakers / welleg
Bag / L.L.Bean
Sunglasses / Zoff

似合うイエローの選び方

ブルーベースの夏タイプの方でも似合う
イエローはあります。薄いライムイエ
ローなど、黄緑がかったイエローを選ぶ
のがポイント。一方、オレンジに近い山
吹色やマスタードは苦手。顔の赤みが強
調されてしまうので気をつけましょう。

似合うイエロー

ライトレモンイエロー　ライムイエロー

苦手なイエロー

ゴールデンイエロー　マスタード　ゴールド

88

BROWN
ブラウン

スイーツビュッフェは
大人かわいく

夏タイプには赤系の色相のココアブラウンがおすすめ。少しくすみのあるローズピンクとは同系色の濃淡配色になり、大人かわいい雰囲気に。バッグと腕時計はパンツの色、靴とメガネはトップスの色とそれぞれリンクさせてまとまりを出して。フレンチスリーブ風のデザインの場合、身頃がタイトだと肩幅が強調されますが、ゆったりシルエットなら気にせず着られます。

いちごチョコ配色
服と小物の色をリンクさせる
白カーデ肩かけで顔を明るく

①色相を合わせる

T-shirt, Pants / KOBE LETTUCE
Cardigan / marvelous by Pierrot
Loafers / welleg
Bag / cache cache
Earrings / MISTY
Glasses / Zoff
Watch / BABY-G

似合うブラウンの選び方

夏タイプには、ココアのような赤みのあるブラウンがよく似合います。パキッとした色ではなく、ふわっとしたスモーキーな色を選ぶのがポイント。黄みの強いキャメルは、顔の黄ぐすみの原因になりやすく、苦手な色なので気をつけて。

似合うブラウン

ココア　　　　ローズブラウン

苦手なブラウン

ライトキャメル　ゴールデンタン　アーモンドブラウン

WHITE
ホワイト

穏やかな白をまとって
家族とドライブ

お出かけに着たいホワイト系のワントーンコーデは、真っ白ではなくニュアンスのある色を選ぶのがコツ。オフホワイトの上下に、色相とトーンがほんの少しだけ異なるペールグレーのカーディガンを重ねて、穏やかにまとめます。足もとはチャコールブラウンのモカシンで引き締め。カジュアルアイテムが多いので、レザーバッグとシルバーアクセサリーで品を添えて。

やさしいワントーンコーデ
肌なじみのいいニュアンスカラー
きれいめ小物で品を添える

③色相・トーンを合わせる

T-shirt, Cardigan / KOBE LETTUCE
Skirt, Bag / marvelous by Pierrot
Moccasins / welleg
Stole / estää
Earrings / LAKOLE（編集部私物）
Cap / GU（編集部私物）

似合うホワイトの選び方

ホワイトにもさまざまな種類があります。夏タイプに似合うのは、少しだけ色のついたソフトなオフホワイト。アイボリーのように黄みが強いと、顔が黄ぐすみしやすくなります。また、何色も混ざっていない真っ白は、夏タイプの顔立ちにはちょっと強すぎます。

似合うホワイト

オフホワイト

苦手なホワイト

アイボリー　　ピュアホワイト

BLACK
ブラック

森美術館で
現代アートの世界を堪能

オフホワイトのプルオーバーにニットベストを重ね、ブラックのプリーツスカートをプラス。明度差の大きいモダンなメリハリ配色ですが、バッグとブーツも含めてホワイトの分量が多いため、シックな印象になります。ナチュラルタイプは幅広プリーツがお似合い。トップの大きいロングペンダントとサイドゴアブーツでさりげなく重心を下げて。

\# ブラックは顔から離して使う
\# シック＆モダンなメリハリ配色
\# きれいめプレッピー

④コントラスト配色

LongT-shirt / marvelous by Pierrot
Knitvest / H&M（編集部私物）
Skirt / 編集部私物
Boots, Bag / KOBE LETTUCE
Necklace / LANVIN en Bleu
Sunglasses / Zoff

似合うブラックの選び方

漆黒はとても強い色。夏タイプのやさしい顔立ちには、ソフトなブラックが似合います。色は光の反射で見えるものなので、表革やサテンなどの光る素材ではなく、マットな素材を選ぶといいでしょう。ブラックのトップスを着るときには、黒緑メガネをかけて顔の印象を調整するのもテクニックのひとつ。

似合うブラック

ソフトブラック

苦手なブラック

ブラック

Column

「似合う」の最終ジャッジは試着室で

買う前に試着、していますか?

さまざまなファッション理論をもとに「似合う」の選び方をお伝えしてきましたが、いざ購入する前にできるだけしていただきたいこと、それは「試着」です。

人の肌の色や体のつくりは、パーソナルカラーや骨格タイプが同じ方でもおひとりずつ微妙に異なります。アイテムの色や形やサイズ感が自分に本当に似合うかどうかは、実際に身につけてみなければ厳密にはわかりません。

いまは、オンラインストアの商品を自宅や店舗で試着できるサービスもありますので、できれば購入前に試してみることをおすすめします。

試着しても自分に似合っているのかどうかイマイチわからないという方は、下のチェックリストをぜひ参考にしてみてください。

夏×ナチュラルタイプの試着チェックリスト

事前準備

- ☐ 着脱しやすい服で行く
- ☐ 普段の外出時につける下着をきちんと身につける
- ☐ コーディネートしたい服や靴で行く
- ☐ 合わせ鏡で後ろ姿まで見えるように、手鏡を持参する
  （スマホのインカメラでもOK。購入前の商品の撮影は
  マナー違反になる場合があるため注意）

夏タイプのチェックリスト

- ☐ 肌色に透明感が出ているか
- ☐ アイテムの色に黄みがあり、顔が黄色くくすんでいないか
- ☐ アイテムの色が暗すぎて、ほうれい線やしわが目立っていないか
- ☐ 色が鮮やかすぎて、顔が負けていないか

ナチュラルタイプのチェックリスト

- ☐ (トップス) 肩幅が広く見えすぎて、バランスが悪くなっていないか
- ☐ (トップス) 鎖骨や肩関節が目立ちすぎていないか
- ☐ (トップス・ボトムス) 服と体の間に十分なゆとりがあるか
- ☐ (トップス・ボトムス) 素材がフラットでシンプルすぎて、寂しく見えないか
- ☐ (トップス・ボトムス) 素材がやわらかすぎて骨感が目立っていないか
- ☐ (ボトムス) 腰やお尻のラインを拾いすぎず、適度なボリュームが出ているか
- ☐ (パンツ) 靴と合わせたとき、足首が隠れる丈になっているか

Chapter 3

夏 × ナチュラルタイプの
魅力に磨きをかける
ヘアメイク

夏×ナチュラルタイプに似合う
コスメの選び方

最高に似合う鉄板メイクを
見つけよう

　顔に直接色をのせるメイクは、パーソナルカラーの効果を実感しやすい重要なポイント。似合う服を着ていても、メイクの色がイマイチだと「似合う」が薄れてしまいます。

　逆にいうと、本来得意ではない色の服を着たいときや着なければいけない事情があるときは、メイクを似合う色にすれば服の色の影響を和らげることが可能。とくにチークとリップを似合う色で徹底するだけで、肌に透明感が出て魅力が輝きます。

　「コーディネートに合わせてメイクも変えなくては」と思っている方も多いかもしれませんが、自分に最高に似合う鉄板メイクが見つかれば、毎日同じメイクでも大丈夫。決まったコスメを使っていればいつもきれいでいられるなんて、忙しい日常を送る私たちにはうれしいですよね。

　もちろん、自分に似合うメイクパターンをいくつかもっておいて、コーディネートやシーンに合わせて使い分ける楽しみもあります。どちらでも、ご自身に合うメイク方法を試してみてください。

夏×ナチュラルタイプが
コスメを選ぶときのコツ

　ピンク系の明るい肌で、もとから頬に赤みのある方が多い夏タイプ。青みのあるスモーキーな色をのせると、肌の透明感がさらにアップしてなめらかに見えます。コスメの定番カラーであるピンクも、青みを感じるローズピンクやベビーピンクを選ぶのがポイント。

　ゴールドやテラコッタなど黄みの強い色は、顔の赤みが増したり黄ぐすみしたりするので注意を。

　夏×ナチュラルタイプのメイクはセミマットくらいがベスト。光りすぎない適度なツヤ、上品なシルバー系のラメやパールが似合います。マット系の質感でも地味にならず肌がなめらかに見えるので、シーンや気分で使い分けるのもおすすめ。

おすすめのメイクアップカラー

アイシャドウ

ベビーピンクやラベンダーは夏タイプを
よりエレガントに見せる色。リップの色
を選ばないブラウンやベージュ系なら、
赤みやグレーっぽさを感じる色を。黄み
の強いゴールドやマスタードなどは苦手
です。

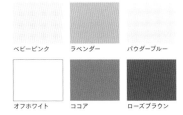

ベビーピンク　ラベンダー　パウダーブルー

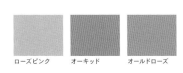

オフホワイト　ココア　ローズブラウン

チーク

ローズピンクなど青みのあるピンクがお
すすめ。頬に赤みのある方が多いので、
青みの強い色をのせても顔が青白くなら
ず透明感が高まります。オレンジ系は顔
の赤みが増し、黄みと濁りのあるブラウ
ン系は地味な印象に。

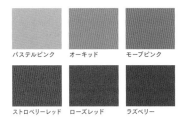

ローズピンク　オーキッド　オールドローズ

リップ

スモーキーなローズピンクは夏タイプを
グッと洗練させます。深めの色をつけた
いときは、スモーキーなモーブピンクが
おすすめ。暗すぎる色は顔色が一緒に沈
み、ビビッドな色はやさしい顔立ちが色
に負けてしまいます。

パステルピンク　オーキッド　モーブピンク

ストロベリーレッド　ローズレッド　ラズベリー

アイブロウ・アイライナーなど

赤みのあるブラウン、グレーがかったブ
ラウンをチョイス。黄みのあるブラウン
や強すぎるブラックは苦手の傾向。

ココア　ローズブラウン　レッドブラウン

自分史上最高の顔になる、
夏×ナチュラルタイプの
ベストコスメ

ブラウン×青みピンクの洗練メイク

アイシャドウに赤みのブラウン系、チークとリップにローズピンク系をチョイスした、洗練感あふれるメイク。夏×ナチュラルタイプのこなれた雰囲気にぴったり。どちらの色も夏タイプの肌の透明感をグッと高め、より美しく見せてくれます。

基本ナチュラル メイク

アイシャドウ

SUQQU
シグニチャー カラー アイズ
01 瑞花 MIZUHANA

夏タイプがブラウン系のアイシャドウを選ぶなら、黄みではなく赤みのブラウンを。赤みブラウンの濃淡２色に、グレイッシュブラウン、ほんのりピンクの繊細ラメカラーが入ったアイシャドウパレットは、デイリーに使えておすすめ。青みがあまり強くない色なので、オークル肌の方にも似合いやすいパレットです。

チーク

ADDICTION
アディクション ザ ブラッシュ
010M Orchid Dusk (M)
オーキッド ダスク

ニュアンスのあるスモーキーカラーが肌によくなじむ夏×ナチュラルタイプ。青みの強いダスティなローズピンクで透明感アップ。

リップ

SUQQU
シアー マット リップ
スティック 02 萩風
HAGIKAZE

リップにも、スモーキーなローズピンクを。濁りのある色は上品なイメージになります。適度な透け感のあるシアーマットタイプで、シックに仕上げて。

大人かわいい
ピンクメイク

アイシャドウ
b idol
THE アイパレ R 04
強がりのピンクグレージュ

少しかわいらしいメイクに仕上げたいときは、明るくクリアなベビーピンクを目もとに添えて。顔が明るくなり、ほんのり甘い雰囲気になります。マットな赤みブラウンを締め色に使うと、かわいいだけではなく大人っぽさもアップ。繊細なピンク系パールとシルバーラメで、上品なきらめきをプラス。

チーク
LAURA MERCIER
ブラッシュ カラー
インフュージョン 01
STRAWBERRY

チークには、いちごミルクのようなピンクを。青みが強すぎないピンクなので、肌に透明感が出すぎず、自然に上気したようなほどよい仕上がりに。マットな質感が肌をなめらかに見せてくれます。

リップ
DECORTÉ
ルージュ デコルテ 20
flower etude

少しニュアンスのあるスモーキーなモーブピンクは、上品なかわいらしさを出したいときにおすすめ。甘くなりすぎず、使いやすい1本です。光りすぎない適度なツヤ感で、しっとりとした唇に。

儚げなまなざしの
パープルメイク

アイシャドウ
CEZANNE
ベージュトーンアイシャドウ 05
ライラックベージュ

エレガントな目もとにするな
ら、夏タイプに似合う明るく
ソフトな紫系のアイシャドウ
を。上品なライラックは、ロー
ズピンクよりさらに肌の透明
感が増すので、儚げな雰囲
気が漂います。くすみのある
赤紫系のオールドローズと合
わせると、より大人っぽくエ
レガントに。ラメは控えめに
つけて。

チーク
CANMAKE
グロウフルールチークス 16
ライラックフルール

チークも紫みが強めの色で、
繊細な雰囲気に仕上げて。
ブレンドタイプのチークは、
シーンによって明るさや色
味を調整できるので便利で
す。

リップ
KATE
リップモンスター 13
3:00AMの微酔

シアーな明るめのオールドロー
ズで、やさしくロマンティック
に。夏タイプの明るいピンク
系の肌と、深い髪や瞳の色、
どちらとも調和して上品に見
せてくれる色です。適度なツ
ヤ感も◎。

夏×ナチュラルタイプに似合う
ヘア&ネイル

**本命ヘアは、
ダークカラーの無造作スタイル**

顔まわりを縁どる髪は、服やメイクとともにその人の印象を大きく左右します。パーソナルカラーのセオリーをヘアカラーに、骨格診断のセオリーをヘアスタイルにとり入れて、もう一段上の「似合う」を手に入れましょう！

肌の色は明るめ、瞳の色は暗めの方が多い夏タイプ。ヘアカラーは瞳の虹彩の色に合わせると調和しやすいので、暗めの髪色のほうが似合う傾向にあります。

おすすめは赤みのあるダークブラウン、ソフトなブラックなど。反対に、イエロー系やオレンジ系、明るすぎる色は苦手です。

ナチュラルタイプに似合うヘアスタイルは、適度に重さを残したラフなスタイル。毛先を遊ばせたり、全体的にゆるっと巻いたり、きっちりまとめず無造作に仕上げるとこなれた雰囲気がアップします。

おすすめのヘアカラー

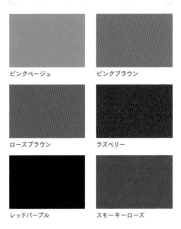

ピンクベージュ　　　　ピンクブラウン

ローズブラウン　　　　ラズベリー

レッドパープル　　　　スモーキーローズ

おすすめのネイルカラー

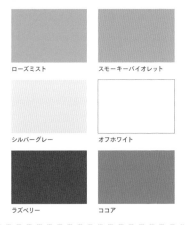

ローズミスト　　　　スモーキーバイオレット

シルバーグレー　　　　オフホワイト

ラズベリー　　　　ココア

エレガントカラーの
ショートボブ

赤紫系のラベンダーブラウン
は、ツヤ髪と美肌を叶えてく
れるヘアカラー。太めのヘア
アイロンで全体をランダムに
巻いて、ラフなふんわり感を
演出して。

Medium

無造作ウルフの
ミディアムヘア

ゆるやかにニュアンスをつけ
たウルフヘアは、やわらかく
上品なイメージ。全体にハイ
ライトを入れたピンクベージュ
カラーで、透明感とツヤ感を
アップ。

Long

シックな
ゆる巻きロングヘア

全体をラフに巻いたロングヘアも、暗めのレッドパープルなら上品で落ち着いた印象に。ピンク系やバイオレット系のインナーカラーを入れてもキュート。

Arrange

大人かわいく！
ゆるふわアレンジ

アレンジするときも無造作感を心がけて。巻いた髪を低い位置でひとつに結んだら、後頭部にボリュームを出して、顔まわりの髪を少し残すと◎。落ち着いた髪色だからこそ上品な仕上がりに。

上品な
グレイッシュネイル

シックなローズミストに、ライトグレー×ホワイトを合わせたネイル。夏タイプはコントラストを抑えた上品な色づかいやデザインが似合います。大きめのシェルをアクセントにして大人っぽく。

エレガントカラーの
マットネイル

淡いローズピンク×スモーキーなラベンダー。マットコートで輝きを抑えるとシックになります。スタッズはシルバーがおすすめですが、ゴールドにしたいときは少量で。黄みの強くない明るいゴールドが〇。

ドレッシー配色の
洗練ネイル

赤みのローズブラウン×大人っぽいラズベリーレッドは、同系色でトーンにコントラストをつけたドレッシーな配色。強い色もマットにすると品がアップ。シルバーライン＆スタッズ、大きめパールを添えて洗練された指先に。

Epilogue

　本書を最後まで読んでくださってありがとうございました。

　あなたの魅力を輝かせる『パーソナルカラー×骨格診断別　似合わせBOOK』。

　個性を引き出す、ファッションやヘアメイク、ネイルをご覧いただきいかがでしたでしょうか。

　「パーソナルカラー×骨格診断」。この2つのセオリーは、あなたがすでにいま、持っている魅力や個性を引き出し、より美しく輝かせるものです。もちろん、ファッションは楽しむものなので、セオリーに縛られることなく、自由に服選びを楽しんでいただければと思います。

　でも、あまりにも多くの情報があふれるいま、つい、自分にないものを求めてしまったり、他の人と比べてしまうことも、もしかしたらあるかもしれません。

　そんなふうに何を着たらよいか迷ってしまったときに、この本が、あなたらしいファッションに気づく、ひとつのきっかけになればとてもうれしく思います。

　私のサロンに来られるお客さまは、パーソナルカラーと骨格診断に合った色やデザインの服、メイクを実際にご提案すると「今までこんな服やメイクはしたことがなかったです！」「私は、本当はこういう服が似合うんですね！」と驚かれる方もたくさんいらっしゃいます。朝に来店されたときとは見違えるほどすてきになった姿を、数えきれないくらい目にしてきました。

　自分自身を知り、それを最大限にいかすことは、「あなたらしい、身に着けていて心地よいファッション」を叶える近道になると思います。

　色とりどりの服やコスメは、それを目にするだけで、私たちをワクワクした気持ちにさせてくれます。色とファッションのもつパワーを味方につけて、ぜひ、毎日の着こなしを楽しんでくださいね。

毎朝、鏡に映るあなたの顔が、これからもずっと、幸せな笑顔であふれますように。

　最後になりますが、この12冊の本を制作するにあたり、本当に多くの方に、お力添えをいただきました。

　パーソナルカラーと骨格診断のセオリーにマッチした、膨大な数のセレクトアイテム。その全商品のリースを、一手に引き受けてくださったスタイリストの森田さん。根気よく置き画制作を担当してくださった、佐野さんはじめ、スタイリストチームのみなさん。すてきな写真を撮ってくださったフォトグラファーのみなさん、抜けのある美しいメイクをしてくださったヘアメイクさん、頼りになるディレクターの三橋さん、アシストしてくださった鶴田さん、木下さん、すてきな本に仕上げてくださったブックデザイナーの井上さん。

　そして、本書の編集をご担当いただきました、サンクチュアリ出版の吉田麻衣子さんに心よりお礼を申し上げます。特に吉田さんには、この1年、本当にいつもあたたかく励ましていただき、感謝の言葉しかありません。最高のチームで、本づくりができたことに感謝の気持ちでいっぱいです。

　また、アイテム探しを手伝ってくれた教え子たち、そして、この1年、ほとんど家事もできないような状態の私を、何もいわずにそっと見守ってくれた主人と息子にも、この場を借りてお礼をいわせてください。本当にありがとう。

　たくさんのみなさまのおかげでこの本ができあがりました。本当にありがとうございました。

2024年3月　海保 麻里子

協力店リスト

＜衣装協力＞

・OUTDOOR PRODUCTS
（アウトドアプロダクツ）
https://www.outdoorproducts.jp

・ACHILLES SORBO
（アキレス・ソルボ）
https://www.achilles-sorbo.com

・AMERICAN HOLIC
（アメリカンホリック）
https://stripe-club.com/american-holic

・antiqua
（アンティカ）
https://www.antiqua.co.jp

・YECCA VECCA
（イェッカ ヴェッカ）
https://stripe-club.com/yeccavecca

・VENDOME AOYAMA
（ヴァンドームアオヤマ）
https://vendome.jp/aoyama

・WEGO
（ウィゴー）
https://wego.jp

・welleg
（ウェレッグ）
https://welleg.jp

・estää
（エスタ）
https://www.moonbat.co.jp/

・L.A.H.
（エル・エー・エイチ）
https://vendome.jp/lah

・L.L.Bean
（エルエルビーン）
https://www.llbean.co.jp

・L.L.Bean Japan Edition
（エル・エル・ビーン ジャパンエディション）
https://www.llbean.co.jp

・cache cache
（カシュカシュ）
https://www.unbillion.com/brand/
cachecache

・Kengo Kuma ＋ MA, YU
（ケンゴ クマ プラス マユ）
https://vendome.jp/aoyama

・KOBE LETTUCE
（コウベレタス）
https://www.lettuce.co.jp

・シチズン エクシード
https://citizen.jp

・シチズン エル
https://citizen.jp

・Zoff
（ゾフ）
https://www.zoff.co.jp/shop/default.aspx

・Trysil
（トライシル）
https://zozo.jp/shop/trysil/

・Honeys
（ハニーズ）
https://www.honeys-onlineshop.com/shop/default.aspx

・卑弥呼
（ヒミコ）
https://himiko.jp

・FURLA
（フルラ）
https://www.moonbat.co.jp/

・BABY-G
（ベビージー）
https://gshock.casio.com/jp/products/women/all

・marvelous by Pierrot
（マーベラス バイ ピエロ）
https://pierrotshop.jp

・MISTY
（ミスティ）
https://misty-collection.co.jp

・mite
（ミテ）
https://www.mite.co.jp

・LANVIN en Bleu
（ランバン オン ブルー）
https://vendome.co.jp/brand/lanvin_en_bleu.html

・ROYAL PARTY LABEL
（ロイヤルパーティーレーベル）
https://royalpartylabel.com

＜ヘアスタイル画像協力＞

P101上下
kakimoto arms（カキモトアームズ）
https://kakimoto-arms.com

P102上　emu（エミュ）表参道／青山／OZmall
https://www.ozmall.co.jp/hairsalon/1641/

P102下　ShellBear（シェルベアー）銀座四丁目／OZmall
https://www.ozmall.co.jp/hairsalon/1302/

＜ネイル画像協力＞

P103上　青山ネイル
https://aoyama-nail.com

P103中下　EYE＆NAIL THE TOKYO
https://www.eyeandnailthetokyo.com

＜素材画像協力＞

P44　iStock

※上記にないブランドの商品は、著者私物・編集部私物です。
※掲載した商品は欠品・販売終了の場合もあります。あらかじめご了承ください。

海保 麻里子

ビューティーカラーアナリスト®
株式会社パーソナルビューティーカラー研究所 代表取締役

パーソナルカラー＆骨格診断を軸に、顧客のもつ魅力を最大限に引き出す「外見力アップ」の手法が評判に。24年間で2万人以上の診断実績をもつ。自身が運営する、東京・南青山のイメージコンサルティングサロン「サロン・ド・ルミエール」は、日本全国をはじめ、海外からも多くの女性が訪れる人気サロンとなる。

本シリーズでは、その診断データをもとに、12タイプ別に似合うアイテムのセレクト、およびコーディネートを考案。「服選びに悩む女性のお役に立ちたい」という思いから、日々活動を行う。

また、講師として、カラー＆ファッションセミナーを1万5千回以上実施。企業研修やラグジュアリーブランドにおけるカラー診断イベントも多数手がける。わかりやすく、顧客に寄り添ったきめ細やかなアドバイスが人気を博し、リピート率は実に9割を超える。

2013年には、「ルミエール・アカデミー」を立ち上げ、スクール事業を開始。後進の育成にも力を注ぐ。

その他、商品・コンテンツ監修、TVやラジオ、人気女性誌などのメディア取材多数。芸能人のパーソナルカラー診断や骨格診断も数多く担当するなど、著名人からも信頼を集める。

著書に『今まで着ていた服がなんだか急に似合わなくなってきた』（サンマーク出版）がある。

サロン・ド・ルミエール HP
https://salon-de-lumiere.com/

クラブ S

新刊が 12 冊届く、公式ファンクラブです。

sanctuarybooks.jp/clubs/

サンクチュアリ出版
YouTube
チャンネル

奇抜な人たちに、
文字には残せない本音
を語ってもらっています。

"サンクチュアリ出版
チャンネル" で検索

選書サービス

あなたのお好みに
合いそうな「他社の本」
を無料で紹介しています。

sanctuarybooks.jp
/rbook/

サンクチュアリ出版
公式 note

どんな思いで本を作り、
届けているか、
正直に打ち明けています。

note.com/
sanctuarybooks

人生を変える授業オンライン

各方面の
「今が旬のすごい人」
のセミナーを自宅で
いつでも視聴できます。

sanctuarybooks.jp
/event_doga_shop/

パーソナルカラー夏×骨格診断ナチュラル
似合わせBOOK

2024年3月6日 初版発行

著　者　　海保麻里子

　　　　　装丁デザイン　井上新八
　　　　　本文デザイン　相原真理子
　　　　　モデル　REINA(サトルジャパン)
　　　　　撮影(人物)　小松正樹
　　　　　撮影(物)　小松正樹、髙田みづほ、畠中彩
　　　　　ヘアメイク　yumi(Three PEACE)
　　　　　スタイリング(アイテム手配)　森田文菜
　　　　　スタイリング(アイテム置き画制作)　佐野初美、小沼進太郎
　　　　　編集協力　三橋温子(株式会社ヂラフ)
　　　　　制作協力(アシスタント業務)　秋元みづき、Yuuka、
　　　　　　　　　　　　　　　　　　　　　NANA(ルミエール・アカデミー)
　　　　　イラスト　ヤベミユキ
　　　　　DTP　エヴリ・シンク
　　　　　撮影協力　KOMA shop

　　　　　営業　市川聡(サンクチュアリ出版)
　　　　　広報　岩田梨恵子、南澤香織(サンクチュアリ出版)
　　　　　制作　成田夕子(サンクチュアリ出版)
　　　　　撮影補助　木下佐知子(サンクチュアリ出版)
　　　　　編集補助　鶴田宏樹(サンクチュアリ出版)
　　　　　編集　吉田麻衣子(サンクチュアリ出版)

発行者　　鶴巻謙介
発行・発売　サンクチュアリ出版
　　　　　〒113-0023 東京都文京区向丘2-14-9
　　　　　TEL:03-5834-2507 FAX:03-5834-2508
　　　　　https://www.sanctuarybooks.jp
　　　　　info@sanctuarybooks.jp

印刷・製本　　株式会社シナノ パブリッシング プレス